Paris
1851

Grün, Alphonse

*De la moralisation des classes laborieuses*

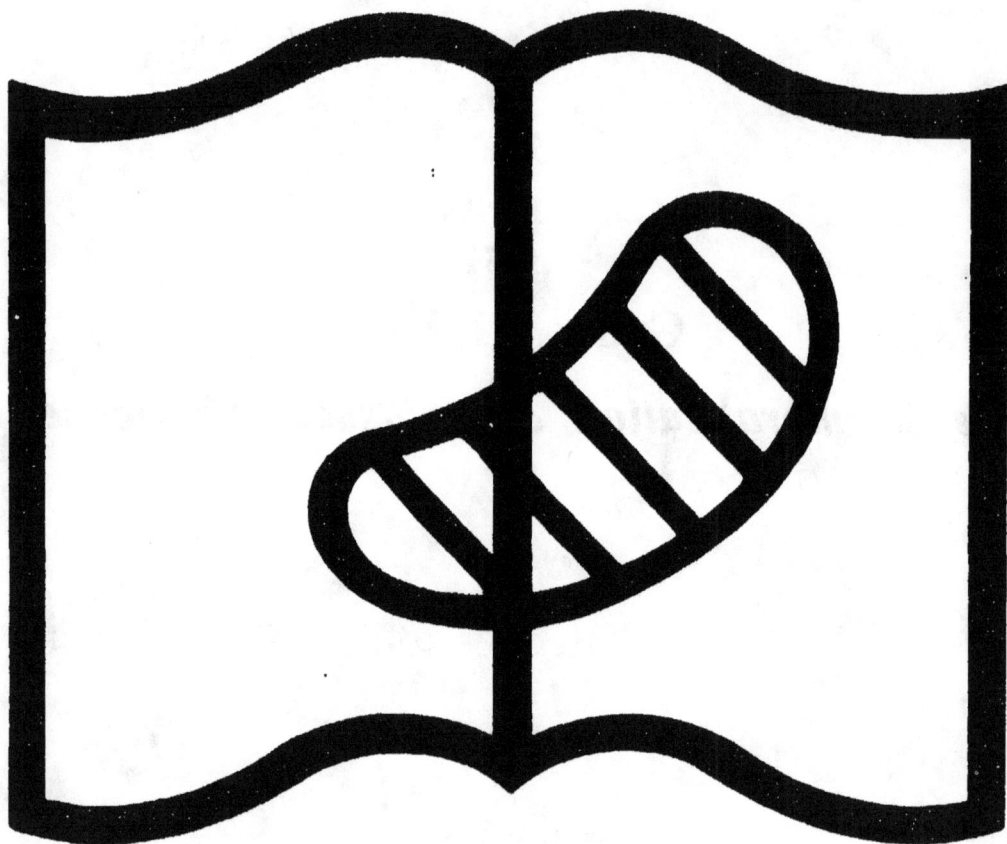

Symbole applicable
pour tout, ou partie
des documents microfilmés

Original illisible

**NF Z** 43-120-10

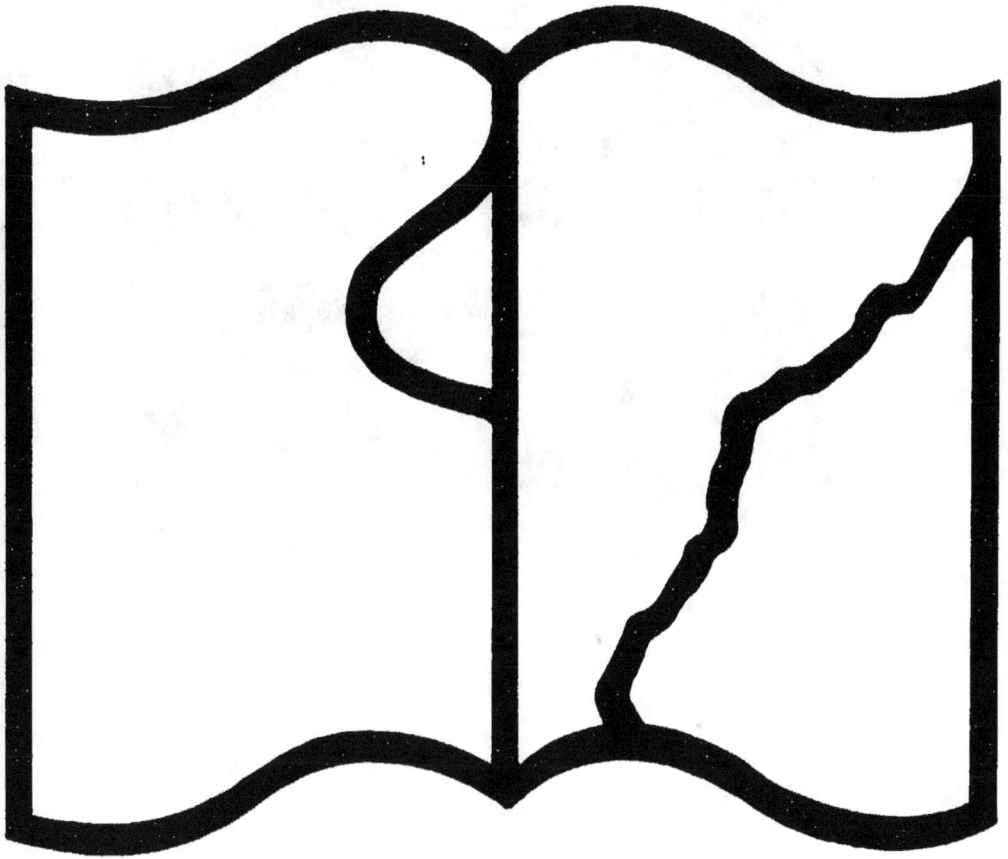

Symbole applicable
pour tout, ou partie
des documents microfilmés

Texte détérioré — reliure défectueuse

**NF Z 43**-120-11

# DE LA
# MORALISATION

## DES CLASSES LABORIEUSES

### PAR ALPH. GRÜN

Avocat, Rédacteur en chef du *Moniteur universel*.

## PARIS

CHEZ GUILLAUMIN ET Cie, LIBRAIRES
Rue Richelieu, 14
1851

# DE LA MORALISATION

## DES CLASSES LABORIEUSES.

# PRINCIPAUX OUVRAGES DE M. GRÜN.

———

TRAITÉ DES ASSURANCES TERRESTRES (en collaboration avec M. Joliat), 1828 ; Videcocq, libraire.

ÉLÉMENTS DU DROIT FRANÇAIS, 1837 ; Hachette, libraire.

NOTIONS ÉLÉMENTAIRES DE DROIT FRANÇAIS, 1838 ; Hachette.

GUIDE ET FORMULAIRE POUR LA RÉDACTION DES ACTES DE L'ÉTAT CIVIL, 1839 ; 3ᵉ édition 1851 ; Hachette.

JURISPRUDENCE PARLEMENTAIRE, 1842 ; Hingray, libraire.

NOTIONS DE DROIT GÉNÉRAL ET DE LÉGISLATION FRAN-ÇAISE, pour l'éducation des jeunes personnes, 1844 ; Hachette.

UNE HEURE DE SOLITUDE, 1847 ; Masson, libraire, rue de l'Ancienne-Comédie, 26.

LE VRAI ET LE FAUX SOCIALISME, LE COMMUNISME ET SON HISTOIRE, 1849 ; Guillaumin, libraire.

ÉTAT DE LA QUESTION DES HABITATIONS ET LOGEMENTS INSALUBRES, 1849 ; Guillaumin. (Épuisé.)

JURISPRUDENCE ÉLECTORALE PARLEMENTAIRE, 1850 ; Guillaumin.

RÉCITS ET PENSÉES, 1851 ; Curmer, libraire.

LES ÉTATS PROVINCIAUX SOUS LOUIS XIV, 1851. (Épuisé.)

———

Paris. — Imprimerie Panckoucke, rue des Poitevins, 8-14.

# DE LA

# MORALISATION

## DES CLASSES LABORIEUSES

## PAR ALPH. GRÜN

Avocat, Rédacteur en chef du *Moniteur universel*.

## PARIS

### CHEZ GUILLAUMIN ET Cie, LIBRAIRES

Rue Richelieu, 14

—

## 1851

# DE LA

# MORALISATION

## DES CLASSES LABORIEUSES (1).

Il y a deux ordres d'idées qu'on ne doit jamais se lasser de rappeler aux classes laborieuses. Il faut les éclairer sur les conditions de leur état, leur faire bien apprécier leur situation dans la société, leur exposer le sens vrai des lois qui régissent leurs professions, leur indiquer les moyens de prévoyance, de bonne gestion, d'assistance, que les lois et l'administration mettent à leur disposition ; par là on prévient l'aigreur des mécontentements injustes, on dissipe les préventions malveillantes, on montre à chacun sa place dans le monde, on enseigne, avec la modération, le bon ordre et la soumission aux lois, on habitue à la règle, on ouvre la porte du bien-être.

En même temps que ces avertissements professionnels, il faut constamment donner le conseil moral, qui ne s'adresse pas à l'ouvrier, mais à l'homme, qui ne parle pas à l'intérêt, mais à la conscience.

A ce double but, je pourrais dire à cette double nécessité, répondent, parmi nous, des ouvrages justement estimés ; deux des plus récents, *les Conseils aux ouvriers,*

---

(1) Ce travail a paru dans une série d'articles insérés successivement au *Moniteur*, à partir du 28 avril 1851.

de M. Barrau, et *les Ouvriers en famille*, de M. Audigane, ont été couronnés par l'Académie française. Il serait à désirer que de tels livres fussent entre les mains et dans l'esprit de tous les ouvriers.

Les efforts tentés pour développer le bien-être, les lumières et la moralité des classes laborieuses ne se sont pas renfermés dans les ouvrages de quelques écrivains isolés ; l'Académie des sciences morales et politiques a pris et prend encore une grande part à cette noble mission. Elle a répondu, on s'en souvient, avec le plus louable empressement, à l'appel que lui adressa le général Cavaignac, alors chef du pouvoir exécutif, par la publication de petits traités destinés à propager des idées saines, et à combattre de funestes erreurs. Elle a résolûment abordé les problèmes compliqués de l'économie sociale ; elle a institué, dans les villes et dans les campagnes, des enquêtes qui constatent l'état moral et matériel des populations, et qui, en faisant connaître le mal, permettent d'espérer le remède. Une des graves questions populaires dont l'Académie s'est occupée avec le plus de soin, c'est celle des habitations et logements insalubres. Ses travaux, particulièrement les rapports de M. Blanqui et les mémoires de M. Villermé, ont certainement contribué aux améliorations législatives que cet objet réclamait et que l'Assemblée nationale a votées.

Un incident parlementaire a ramené la question des logements d'ouvriers devant l'Académie ; elle y a donné lieu à un débat lumineux (Voyez le *Moniteur* des 17 et 18 février 1851, et le *Compte rendu des travaux et séances*, t. XIX, p. 221). Commencée dans le but de rétablir des faits contestés, la discussion, soutenue par d'éminents économistes, s'est bientôt élargie ; de l'exposé des misères elle s'est élevée à l'examen des causes qui les produisent, et des remèdes qui peuvent les soulager. Plusieurs orateurs, animés d'intentions philanthropiques incontestables, ont indiqué, à côté de l'insuffisance des secours sociaux, et au même niveau que les lacunes qui restent dans les progrès du bien-être, les torts des individus, l'oubli du perfectionnement de soi-même, l'abandon des vertus chrétiennes, le relâchement des liens de famille, les habitudes contraires à l'épargne et à la sobriété, les perturbations morales qui accompagnent le mouvement précipité de la civilisation. Toutes les influences qui altèrent la conduite des ouvriers doivent être combattues à outrance : elles peuvent l'être avec succès ; des exemples cités à l'Institut le prouvent.

Dans ce débat académique, consacré principalement à la statistique, à l'économie politique, à la philosophie sociale, l'idée de la moralisation des classes laborieuses ne s'est produite que comme un incident. On peut donc, sans témérité, la reprendre et la développer. Il est peu de sujets qui offrent plus d'intérêt et plus d'opportunité.

Dans la haute sphère de leurs premiers principes, les sciences diverses ont entre elles une complète harmonie ; aucune n'est en contradiction avec aucune ; celui qui y signale un antagonisme n'accuse que l'erreur de son regard, l'insuffisance de ses perceptions : il a mal vu ce qui est, il n'a pas embrassé l'ensemble des rapports. Ainsi, quoi qu'on ait pu dire, il n'y a nulle opposition entre l'économie politique et la morale : l'une n'est pas plus favorable au matérialisme que l'autre hostile au bien-être. S'il y avait une école qui ne voulût voir dans les sociétés que des ateliers, dans les individus que des machines, dans la vie que le mouvement incessant de la production et de la consommation, cette école se tromperait, elle ne comprendrait pas tous les éléments de la science et de la vie ; elle ne ferait tort qu'à elle-même et ses fautes ne seraient pas celles de l'économie politique vraie et complète. Une doctrine qui ne voudrait voir dans l'homme qu'une intelligence, dans la société que des aspirations mystiques, sans égard aux exigences de la nature physique et aux besoins matériels de l'espèce ici-bas, cette doctrine mutilerait la création, mais ne prouverait rien contre les vues de Dieu sur l'humanité, contre la justice qui doit présider à la répartition des biens dans notre monde.

L'accord intime et nécessaire de l'économie politique et de la morale ressort avec évidence des écrits de nos économistes modernes ; il marque la tendance spéciale des ouvrages de MM. Droz et de Villeneuve. Tout récemment, un éloquent discours de M. Michel Chevalier établissait, par des raisons péremptoires, la légitimité du désir du bien-être, sous la condition de l'observation des lois morales. Il n'est besoin que des inspirations du cœur pour sentir que la tendance vers le bonheur est au fond de tous les êtres humains, et que Dieu n'a déshérité personne ; c'est ensuite à la raison de montrer que l'amour du bien-être a ses limites, et qu'il n'atteint son but qu'en respectant les règles de la religion, de la bonne conduite, de la prudence, de la modération.

L'économie politique cherche les moyens de multiplier pour les masses les sources de bien-être ; les législateurs et les gouvernements doivent s'efforcer de faciliter les abords de ces sources ; les individus doivent demander leur bonheur à leur travail, à leur persévérance, à leurs qualités morales. Point de prospérité possible dans un pays où la science économique propagerait de fausses idées, où la législation entraverait au lieu de seconder, où les individus négligeraient le travail, ou bien en dissiperaient les produits par l'imprévoyance ou la débauche.

La science, la loi, les citoyens ont donc chacun leur rôle dans le grand mouvement du bonheur général. Ce sont des forces distinctes, mais solidaires : elles se sont indispensables l'une à l'autre.

Si l'on examine plus spécialement la part qui revient aux individus, si l'on se préoccupe surtout des obstacles qu'ils rencontrent dans le développement de leur situation, sans doute on trouve quelques lacunes des lois, quelques nécessités d'améliorations administratives ; mais la réforme la plus urgente qu'on soit amené à demander, c'est la réforme des personnes. L'ouvrier le plus intelligent, le plus ardent à l'œuvre, tombera ou restera dans la misère s'il ne répudie pas les mauvaises habitudes. Telle a toujours été ma pensée : « On a flatté les ouvriers après les avoir dénigrés, disais-je dans mon écrit sur le socialisme (1).

_____

(1) *Le vrai et le faux socialisme*, page 15. Chez Guillaumin, libraire, rue Richelieu, 14.

La meilleure preuve d'estime et de sympathie qu'on puisse leur donner, c'est de leur dire la vérité... En général, le tort des ouvriers industriels, qui ont, d'ailleurs, tant d'énergie et de dévouement, est de ne pas bien administrer ce qu'ils gagnent, de ne pas penser au lendemain, de ne pas économiser sur les produits des temps heureux pour pourvoir aux mauvais jours de la maladie, des chômages, de la vieillesse; de se laisser entraîner aux dépenses des cabarets, aux jouissances coûteuses et aux dépravations que leur offre le séjour des grandes villes ; enfin de prendre trop promptement des résolutions violentes, comme les grèves, l'empêchement brutal du travail d'autrui, la prétention d'imposer de force des conditions qui ne devraient être débattues que d'un commun accord et d'après les possibilités réelles de la production. La première réforme à faire, par l'ouvrier lui-même, est donc celle de ses mauvaises habitudes; sans celle-là toutes les autres sont inutiles. »

Voilà le mal constaté en toute franchise, et je n'ai fait que résumer ce que d'autres ont écrit, ce que l'on dit tous les jours. Mais cette indication générale acquitte-t-elle le moraliste de ce qu'il doit aux classes laborieuses? C'est comme si on demandait : un père de famille a-t-il fait assez en disant à ses enfants : Soyez sages? Non, il ne suffit pas de recommander à l'ouvrier d'abandonner la mauvaise voie et de prendre la bonne, on lui doit de lui indiquer, d'indiquer aussi aux autres classes de la société et aux pouvoirs publics les moyens les plus efficaces pour faire aboutir les avis à d'heureux résultats. Je vais essayer quelque chose de cette tâche; je ne le pourrai faire qu'en disant sincèrement à tout le monde ce que je crois être la vérité.

L'influence que l'on peut avoir sur les classes laborieuses s'exerce par la parole, par l'exemple, par des actes ayant leur intérêt moral pour objet direct.

## I.

Quiconque veut agir sur le peuple doit, avant tout, lui être sympathique. Quelque éloquente que soit votre parole, quelque puissants que soient vos écrits, vous ne serez pas écouté s'il reste un doute sur votre mobile et vos intentions. Un profond sentiment de fraternité, un vif désir de soulager les souffrances, d'améliorer les situations, un dévouement sérieux et désintéressé, telles sont les conditions indispensables; elles suppléeraient au talent, elles ne sauraient être remplacées par rien. Si on voit en vous un ami, on recevra vos conseils, on acceptera vos remontrances; sinon on ne voudra ni de vos admonestations, ni de votre pitié, ni même de vos avances ou de vos flatteries.

Pour parler aux ouvriers de toute espèce un langage dont ils profitent, on doit avoir pour eux, avec l'affection charitable, l'estime que commande leur seule qualité d'hommes. Trop souvent un injuste préjugé, qui tient moins à une dureté de cœur qu'à l'ignorance des faits sociaux, a fait croire et dire qu'il y a plus de vices dans ces classes que dans les autres; c'est, heureusement, une erreur. S'il n'est pas vrai, comme les adulateurs du peuple le lui disent sans le penser, qu'il ait toutes les vertus tandis qu'ailleurs on ne trouve que corruption, il ne l'est pas non plus que la dégradation morale soit attachée aux situations humbles et pauvres. Sur tous les degrés de l'échelle sociale se posent des vices et des vertus; seulement le mal moral, selon que l'on monte ou que l'on descend, se manifeste sous d'autres formes : on n'est pas moins vicieux en haut qu'en bas; on l'est autrement, et voilà tout.

Personne n'est donc bien venu à laisser tomber des paroles de dédain ou d'excessive sévérité sur les classes laborieuses : à leur égard, l'indulgence n'est que de la justice. Si elles avaient plus de défauts, elles en seraient moins coupables que d'autres; en effet, elles manquent fréquemment de l'instruction qui éclaire l'esprit, qui adoucit les mœurs, de l'éducation qui élève l'intelligence, des bonnes relations, des loisirs utiles, du calme et de la sécurité; elles ont moins de lumières pour se guider, moins de ressources pour bien faire. Leurs fautes, qu'elles ne peuvent guère dissimuler, se produisent au grand jour, et leur sont vivement reprochées. L'opulence trouve plus de facilités et plus d'excuses ; de là cette sentence du philosophe grec : « La richesse cache les vices, et la pauvreté les vertus. » Enfin, nous chrétiens, nous ne pouvons pas oublier les préférences que le Christ a toujours montrées pour les pauvres, et l'avertissement qu'il a donné aux riches en leur disant que le royaume des cieux s'ouvrirait difficilement devant eux.

L'indulgence et la compassion ne suffisent pas; les masses que vous désirez moraliser vous fermeront leurs oreilles, si les motifs de votre intervention peuvent laisser soupçonner quelque arrière-pensée. Les conseils les plus sages n'obtiennent pas d'accès, si on leur suppose un autre but que l'amour du bien. Alors les susceptibilités se soulèvent par la crainte d'une idée de domination; ceux que vous avertissez redoutent que vous ne pensiez à les conduire dans une voie qui ne serait pas la leur : ceux que vous réprimandez s'imaginent que vous êtes mécontents de ne pas les entraîner dans vos projets sur eux. Tous ces nuages doivent être dissipés. Entre les classes laborieuses et celui qui aspire à les conseiller, il faut qu'il ne s'élève pas l'ombre d'un soupçon; il faut que les paroles données avec sincérité soient reçues avec confiance. On sera, soyez en certain, écouté du peuple, quand on lui aura inspiré la conviction qu'on a pour lui de l'affection, de l'estime, que c'est son bien seul qu'on a en vue. A ces conditions, on lui fera accepter les observations les plus franches, les vérités les plus sévères; il ne les repoussera pas quand il saura qu'elles lui viennent d'un ami.

## II.

Ceux qui prétendent à l'honneur de moraliser le peuple ne doivent jamais oublier que le premier enseignement, la plus puissante influence, c'est l'exemple. Les meilleures leçons échouent, démenties par la conduite.

On ne réfléchit pas assez à la force de l'exemple. Parce que son action ne se manifeste pas immédiatement par des conséquences matérielles, parce qu'elle n'opère pas toujours des changements à vue, parce que l'inattention ou la légèreté n'y saisit pas l'inévitable rapport de cause à effet, on parle, on vit comme si ce qu'on dit et ce qu'on fait ne devait avoir aucun retentissement au delà d'un certain cercle de relations sociales ; on paraît croire que plus on est éloigné des rangs populaires par sa position ou sa fortune, moins on pénétrera dans leurs habitudes et dans leurs mœurs.

Et pourtant une vieille expérience a prouvé que l'exemple parti d'en haut descend dans toutes les classes, et y porte le bien ou le mal ; des nations entières subissent le contre-coup, heureux ou déplorable, de cette influence dont la marche incessante produit, le moment venu, des transformations morales, étonnantes seulement pour ceux-là qui ne savent ni voir ni penser.

Sous l'ancienne monarchie, tous les yeux étaient tournés vers le roi ; la cour donnait le ton à la ville ; la ville, c'est-à-dire Paris, le donnait au reste de la France ; les manières, les idées de la cour se transmettaient par les courtisans à la noblesse de robe, par celle-ci à la bourgeoisie ; les provinces s'y rattachaient par les gouverneurs, les intendants, les généraux, les prélats. On peut le dire sans exagération, les vices ou les vertus de la cour devenaient les vices ou les vertus de la nation. Citons une preuve entre mille. Personne ne s'est plus imposé à son époque que Louis XIV ; qui songerait à nier le mal causé par ses mauvaises mœurs ? Des adultères solennels, lâchement honorés, et la scandaleuse légitimation des bâtards ont préparé les temps licencieux de la régence, et les débauches perpétuelles du règne de Louis XV ; Mˡˡᵉ de la Vallière a commencé la Dubarry. Louis XIV avait profané le mariage ; le 18ᵉ siècle en afficha le mépris : il continuait la leçon qu'on lui avait donnée. Ajoutons bien vite que l'expiation ne s'est pas fait attendre ; des traditions venues de trois générations de vieillards attestent que le souvenir des désordres de Louis XIV entrait pour beaucoup dans les démonstrations qui ont poursuivi son cercueil ; quant à Louis XV, on sait que son cadavre fut honteusement soustrait aux honneurs des funérailles. Enfin la royauté elle-même a été victime de la corruption dont elle avait été une des causes.

J'insiste sur la nécessité des bons exemples et sur le danger des mauvais, parce que, dans le monde, on a généralement la conscience trop tranquille à cet égard, et j'arrive droit à l'application de ma pensée à la moralisation des classes laborieuses.

Les notions divines de religion, de famille, de propriété, ont été tristement ébranlées par les théories matérialistes, qui ont inspiré des passions haineuses et des appétits violents. Les principes sacrés sur lesquels repose toute société ne sauraient être trop souvent rappelés ; la constitution les a proclamés, de nombreux écrits les ont soutenus, de nobles courages les ont défendus et les défendraient encore s'il en était besoin. Ce n'est pas assez : les mots de *religion*, de *famille*, de *propriété*, courraient risque de passer, aux yeux des masses, pour des banalités de tribune, de journal ou de salon, si ceux qui les prononcent le plus haut n'étaient pas les premiers à y conformer leur conduite.

Assurément on a raison, mille fois raison, de recommander au peuple la religion, cette sanction céleste des devoirs, cet appui des faibles, cette espérance des malheureux. C'est aux ministres des cultes d'enseigner, non pas un vague instinct religieux, qui ne peut ni éclairer l'intelligence ni régler la vie, mais le dogme, l'idée, le sentiment, la pratique sincère et sérieuse ; à tout le monde revient l'obligation de propager la religion par l'exemple. De nos jours, la profession d'irréligion n'est plus de mise dans les rangs élevés de la société ; mais l'indifférence y tient une large place. Dans les familles, la légèreté des propos, la contradiction entre les leçons du pasteur et la manière de vivre du père n'ébranlent-elles pas, de bonne heure, les convictions des enfants ? N'est-on pas fondé à penser qu'il reste, moins dans les paroles, il est vrai, que dans la tenue, des traces de l'orgueilleux sophisme qui fait de la religion un préjugé bon pour le vulgaire ? Ne peut-on pas craindre encore que la cause sainte soit compromise, si des avocats de circonstance la plaidaient comme une affaire de puissance humaine, et si le soupçon se répandait qu'une loi de la nature serait employée comme un instrument de la politique?

La famille! Il faut la montrer à l'ouvrier comme le point de départ de toutes les vertus civiques, comme le centre de toutes les joies légitimes; mais il faut lui en offrir soi-même le modèle. Que pensera cet ouvrier, que fera-t-il, si, regardant en haut, il voit des mariages contractés sans affection, où l'intérêt tient la place des sentiments; des ménages dont toute la moralité consiste à éviter le scandale, et où l'infidélité a rompu avec tous les scrupules; des éducations qui séparent constamment les parents de leurs enfants, qui corrompent les caractères par la vanité, dessèchent le cœur par l'égoïsme, énervent le corps par la mollesse et par les plaisirs prématurés, abaissent l'intelligence par la futilité ou l'obscurcissent par une instruction fausse et mal digérée, qui, enfin, détruisent le respect par la faiblesse? L'esprit de famille existe-t-il quand le père, quand le fils vont chercher leurs jouissances hors du foyer domestique? Parlons, écrivons pour la famille; c'est bien : mais, avant tout, prouvons par nos mœurs que nous l'aimons, que nous l'estimons, que nous la sanctifions.

Quant à la propriété, sa meilleure garantie morale est dans la pureté de son origine, dans la probité de son maintien, dans le bon emploi de ses produits. Si vous voulez la faire respecter, respectez-la vous même en en faisant un moyen de justice et de charité.

De la généralité des hautes vérités morales exprimées par la triple formule que je viens de rappeler, descendons dans les habitudes de la vie de l'ouvrier; nous y verrons, plus que jamais, éclater la nécessité, pour ceux qui conseillent et qui dirigent, d'être à l'abri des récriminations en faisant des reproches, d'édifier en donnant des avis.

On dit : Les ouvriers ont le goût de la dissipation, ils se livrent à l'inconduite. On a trop souvent raison. Pour les guérir, on leur donne d'excellentes indications; qu'on fasse donc, de plus, qu'ils ne voient jamais des jeunes gens occupés à des riens, des fils de famille éloignés des travaux sérieux par l'entraînement du monde; qu'ils n'aient jamais le spectacle des femmes entretenues, des folles dépenses prodiguées aux caprices ou aux débauches. Sans s'ériger en censeur trop sévère, sans méconnaître les excuses et les atténuations, n'est-on pas en droit de dire à ceux qui accuseraient avec rigueur des désordres d'ailleurs trop réels : Faites d'abord cesser les vôtres.?

On reproche aux ouvriers leur facilité à céder aux suggestions politiques, leur défaut de soumission aux lois. J'admets que le grief soit fondé. Parmi les causes très-diverses qui ont pu y donner naissance, je ne m'attache qu'à celle de l'exemple. N'est-ce pas de haut que sont venues aux masses les agitations politiques ? Si ceux qui se laissent emporter sont coupables, que dire de ceux qui ont donné l'impulsion? Le passé appartenant à l'histoire, je pourrais peut-être faire un pénible retour sur les procédés de l'ancienne opposition libérale; mais ce n'est ici ni le temps ni le lieu pour un pareil examen. Je m'enferme dans le présent, et je demande si personne, parmi ceux-là qui doivent enseigner par leurs actions, n'a sa part dans la décroissance du respect gardé aux lois par les classes laborieuses ? Discuter les lois, en signaler les défectuosités, en solliciter, en préparer la réforme, c'est le droit, c'est même le devoir des citoyens; la critique s'en tient-elle toujours là ? Ne voit-on pas, par une déplorable contradiction, le sarcasme, le dédain, la parole violente sortir des rangs conservateurs pour se prendre aux institutions du pays ? On demande le respect et on pratique le mépris ! De quel droit peut-on exiger que les ouvriers gardent la déférence pour des lois qu'on s'attache à décrier? On sème l'anarchie et on voudrait récolter les fruits de l'ordre ! De tous les mauvais exemples, celui-là, je l'avoue, me paraît un des plus funestes : l'avenir en pourra souffrir plus qu'on ne pense.

Les ouvriers reçoivent le conseil très-sage de faire un bon emploi du temps, de suivre le travail assidûment, sans interruption. Les exhortations qu'on leur adresse doublent de puissance quand il s'y joint une vie utile; les occupations des personnes qui n'ont pas besoin d'une profession pour subsister répondent victorieusement à l'acrimonieuse distinction qu'on a prétendu établir en divisant les citoyens en travailleurs et en oisifs, et en ne classant parmi les premiers que les hommes voués aux travaux manuels. Ce sot orgueil qui aspirait à un absurde privilége n'a séduit qu'un petit nombre d'ouvriers ; le bon sens général a compris que le commerçant, l'industriel, le fonctionnaire, le soldat, le juge, l'homme de lettres sont aussi bien des travailleurs que le maçon, le charpentier, le tailleur, etc. Il y a plus, il faut faire une immense différence entre l'oisif et l'homme de loisir. Avoir assez d'aisance pour ne pas subir la nécessité d'une profession, c'est posséder non pas le droit de vivre inutile à la société, mais le moyen de choisir son travail et sa manière de servir ses semblables. Le propriétaire qui, en cultivant son domaine, fait faire des progrès à l'agriculture ; le rentier qui place ses fonds dans l'industrie, le riche qui favorise les arts par ses commandes ou ses achats, qui consacre une partie de ses journées à la visite, au soulagement des malheureux, ceux-là sont assurément des travailleurs dans le grand labeur du bien général. Le véritable, le seul oisif, c'est l'homme qui consume son temps dans les futilités de la toilette, dans des relations sociales qu'il entretient sans autre but que de dépenser ses heures, dans des plaisirs sans profit pour l'intelligence, pour l'industrie, ni pour l'art. De tels oisifs, et il y en a encore, n'ont le droit d'invoquer la loi du travail qu'en commençant par s'y soumettre eux-mêmes.

La recommandation, si nécessaire, de l'économie, de l'épargne, perdra tout son prix si elle est contredite, dans celui qui la fait, par les habitudes d'un luxe ruineux, de fantaisies dépensières, d'un défaut d'ordre qui conduit les plus riches à la gêne, à la violation des engagements, à des emprunts onéreux, et enfin à la misère.

Il est bon de mettre l'ouvrier en garde contre le mauvais choix de ses divertissements, contre les lectures dangereuses, contre les excès des cabarets ; il serait mieux encore de lui donner toujours l'exemple des plaisirs honnêtes. En cela les gens du monde ont plus d'un reproche à se faire. Parle-t-on des mauvais livres? Les salons en ont livré le poison aux ateliers. D'où sont venus les romans corrupteurs et antisociaux? Qui a fait la fortune de tels ouvrages où la passion désordonnée usurpe la place de la raison et les honneurs de la morale? Il était pourtant si facile de faire tomber les feuilles à scandale en ne s'y abonnant plus, les livres en ne les achetant pas! Mais non; les peintures lascives, les caractères forcenés, les situations extravagantes, fournissaient des jouissances à des esprits blasés; cela amusait! Ce mot répondait à tout. Qu'avez-vous à dire maintenant à ceux qui ont fait comme vous?

Veut-on une autre preuve de l'influence des plaisirs du riche? Après la révolution de 1830, l'aristocratie de naissance et de fortune quitta Paris et bouda dans ses terres. Bientôt la privation des jouissances ramena une jeunesse avide de réparer le temps perdu; j'ai vu de jeunes pairs et des fils de pairs de France donner les premiers la mode, bien vite suivie, des danses les plus échevelées dans les bals publics. Peu à peu ces bals se multiplièrent, toute retenue en fut bannie; des entreprises mirent ces jouissances à la portée de toutes les classes : le ton gagna la province, pénétra dans les villes d'abord, puis dans les campagnes. Il y a un an, j'ai vu, dans un village éloigné de Paris, de jeunes garçons se livrer publiquement et impunément à des danses qu'on ne peut regarder sans rougir, et qui ne faisaient même plus scandale. Comme si ce n'était pas assez d'avoir ainsi démoralisé les plaisirs publics, voici maintenant que, l'hiver dernier, est parti des salons de Paris le signal de danses tellement inconvenantes que la susceptibilité des mères et des maris s'en est émue et que l'indignation des prédicateurs s'en est soulevée. Ce nouvel oubli du devoir et de la dignité portera ses fruits, qu'on en soit certain.

Le cabaret, oh! c'est un lieu fatal aux ouvriers; on le leur dit souvent; on ne saurait trop le leur répéter. On le leur dira avec moins d'autorité si on s'expose à mériter le blâme qu'on leur décerne. Les cafés, les brasseries, où, dans les villages, dans les bourgs, dans les villes petites et moyennes, les bourgeois de tout âge passent souvent des journées entières, valent-ils mieux que les cabarets? Offrent-ils moins d'occasions de dépenses? Enlèvent-ils moins d'heures à la famille? Dans les grandes villes, ainsi que le faisait remarquer, il y a peu de temps, un excellent article de *la Patrie*, qu'y a-t-il de plus immoral, de plus funeste pour l'exemple, que ces cercles, ces clubs où l'on va consacrer des jours, des nuits au jeu, à la table, aux dissipations de toute nature, et où, plus qu'ailleurs, l'oisiveté est la mère de tous les vices? Combien de femmes délaissées, d'enfants sacrifiés, demandent, au fond du cœur, la fermeture de ces cabarets du riche !

Je viens, en résumant quelques-uns des conseils qu'on donne aux classes laborieuses, quelques-uns des torts qu'on leur impute, de montrer les conséquences de l'exemple, de faire voir aux classes aisées ce qu'elles ne doivent pas faire; il me reste à rappeler ou à indiquer ce qu'on peut faire pour travailler efficacement à la moralisation si désirable des masses.

### III.

Répandre de bonnes idées, donner de bons exemples, c'est indispensable, mais ce n'est pas suffisant. Qui veut contribuer à moraliser le peuple doit intervenir sérieusement, constamment, dans les œuvres consacrées à cette sainte mission. Ce n'est pas trop de l'union de tous les efforts, de tous les dévouements, de toutes les sympathies ; législateurs, administrateurs, associations pieuses, industrielles ou économiques, citoyens de toutes les professions, sont, chacun pour sa part de pouvoir ou d'action, les instruments prédestinés et nécessaires du grand travail de l'amélioration populaire.

J'insiste sur le besoin du concours de tous. On ne saurait assez répéter que le salut, le progrès des sociétés, ne doivent plus, ne peuvent plus s'opérer que par les sociétés elles-mêmes. Au Gouvernement le soin de maintenir l'ordre matériel, de garantir la sécurité des personnes, des propriétés et des intérêts ; aux citoyens le droit et le devoir de résoudre, par eux et pour eux, les questions d'activité du travail, de soulagement de la misère, de développement de l'intelligence et du bien-être. L'obligation est naturellement plus étroite, parce que la puissance est plus grande, pour ceux qui ont plus de loisir ou plus d'aisance ; mais personne n'y échappe : il n'est si petite existence qui ne puisse être secourable à d'autres.

On dit, je le sais : Chacun a ses affaires ; quand vous aurez satisfait aux soins du ménage, aux devoirs de la famille, aux occupations de la profession, aux relations sociales, où trouverez-vous encore le temps de suivre les intérêts des pauvres, d'assister à des réunions de bienfaisance, de faire des démarches, d'établir des correspondances, de participer à des œuvres, de vous mêler aux choses intimes d'autres maisons que la vôtre ? N'acceptons jamais ces mauvaises défaites de l'indifférence ou de l'égoïsme. De bonne foi, quel homme, quelle femme, si occupés qu'on les suppose, n'ont pas, chaque jour, une heure à perdre en oisiveté, à dépenser en plaisir ? Ce qui manque aux plus affairés, c'est moins le temps que la bonne distribution du temps ; avec de la bonne volonté, on aura toujours des instants pour faire du bien et rendre des services. A ceux qui objecteraient la surcharge des affaires, opposons l'exemple des Anglais ; chez ce peuple, la vie publique, industrielle, commerciale, a une activité absorbante ; et cependant ces membres du parlement, ces manufacturiers, ces commerçants dont toutes les minutes sont comptées, assistent aux meetings de la charité, de la science ou de l'art, acceptent les travaux des comités, figurent activement dans les associations de philanthropie ou d'utilité publique (1). Ce qu'ils font, pourquoi ne le fe-

(1) Sur le nombre, le caractère, le but et les ressources de ces associations, voyez l'intéressant ouvrage de M. Legoyt, intitulé *de la Charité officielle et privée à Londres*, et qui a paru par articles successifs dans les *Annales de la charité*.

rions-nous pas? On dira peut-être que les mœurs fran-
çaises ne sont pas les mœurs anglaises, et que nos habitudes ne se prêtent pas au même emploi de nos loisirs.
Si, sous ce rapport, comme sous plusieurs autres, nos
mœurs admettent et réclament des améliorations, c'est
un devoir d'y travailler.

D'ailleurs, l'activité charitable dont l'Angleterre nous
offre le modèle, n'est plus en France une nouveauté à introduire, mais une qualité à développer ; l'association, le
mode le plus puissant de féconder les efforts individuels,
a produit parmi nous les caisses d'épargne, le patronage
des orphelins, des jeunes détenus, des libérés, les salles
d'asile, les crèches, et toutes ces œuvres dont la liste,
pour Paris seulement, a formé presque un livre sous la
plume généreuse de M. de Melun. Voilà la voie où il faut
avancer. On s'y est jeté avec une ardeur efficace depuis la
révolution de 1848, surtout après les funestes journées de
Juin ; ces graves événements ont mis à jour des misères
qu'on ne soupçonnait pas : il n'est permis à personne de
dire que l'empressement à les soulager a pu s'accompagner de quelque sentiment de crainte, et que le bienfait
ne cherchait pas autant à secourir des frères malheureux qu'à désarmer des ennemis redoutables. Le meilleur, le seul moyen de prouver que la charité n'a rien à
démêler avec aucune peur, avec aucune arrière-pensée,
c'est de poursuivre obstinément les entreprises frater-
nelles qu'on a fondées, de les soutenir, de les étendre, en
se souvenant qu'on n'a rien fait tant qu'il reste quelque
chose à faire, en se disant qu'on n'a pas le droit de se
reposer quand des milliers de créatures humaines souf-
frent et n'ont pas même le travail qu'elles cherchent pour
gagner le pain du jour.

S'il faut exciter tout le monde, il ne faut décourager
personne ; celui qui fait ce qu'il peut, fait ce qu'il doit.
Dans la tâche immense de la moralisation populaire, il y
a des parts pour toutes les situations, pour toutes les aptitudes, pour tous les bons vouloirs. Ce serait une erreur
de croire qu'on n'y coopère pas en augmentant le bien-être
matériel. La misère, on le voit trop souvent, conduit à la

dégradation morale, et la dégradation au crime ; cette corrélation atteste et légitime l'union intime de l'économie politique et de la morale. Je veux citer un exemple entre mille. On sait quelles réclamations se sont élevées contre les habitations insalubres, quelles peintures tristes, mais trop vraies, ont été faites en France et en Angleterre, des affreux réduits où croupissaient des populations d'ouvriers; ce n'est pas seulement le dépérissement physique qu'on y a constaté, mais aussi l'abrutissement intellectuel et une horrible perversion morale : les hommes fuient ces repaires dégoûtants pour aller chercher, dans les cabarets ou ailleurs, des jouissances grossières; ils savent que, rentrés chez eux, ils n'y trouveront que le dénûment, les querelles, la maladie. Partout où les habitations ont été assainies, on a remarqué que la santé des familles s'est rétablie ou fortifiée, que les hommes ont été plus dispos pour le travail, qu'ils ont été moins entraînés au dehors, que les plaisirs domestiques ont été mieux goûtés, que la dignité morale s'est relevée, et que la pudeur, offensée par d'odieuses promiscuités, a repris son empire. Des ouvriers mieux logés sont devenus des hommes plus honnêtes. On en peut dire autant pour le vêtement, pour la nourriture, etc. La généralisation du bien-être, loin de devenir une cause de corruption, est une condition de moralité.

Sous les auspices des idées générales que je viens d'exprimer, je vais parcourir rapidement le cercle des principales vertus qu'on recommande au peuple, des principaux vices qu'on lui reproche, et j'indiquerai ce qu'on a fait, ce qu'on pourrait faire pour activer le bien et pour arrêter le mal, autant du moins qu'il est raisonnable de l'espérer.

### Intempérance.

1° Le premier écueil signalé à l'ouvrier, c'est l'intempérance; la morale montre sans peine les conséquences fatales de ce vice désastreux; on a cherché, en Amérique et en Angleterre, un préservatif dans les sociétés de tempérance, palliatif dérisoire, inapplicable en France, et qui, par crainte d'un abus déplorable des liqueurs fermentées, en proscrit l'usage légitime et salutaire (1).

La morale ne s'attaque qu'à l'ivrognerie individuelle; il faut aller plus loin. La fréquentation des cabarets est mauvaise; nul n'en doute : comment l'empêcher? D'abord en offrant aux ouvriers des distractions innocentes; j'y reviendrai; ensuite par des mesures administratives ou même législatives qui réglementent avec prudence la tenue de ces lieux de séduction, qui en restreignent le nombre par des droits de licence considérables, qui punissent les manœuvres et les fraudes nuisibles à la santé comme à la bourse des habitués. Mais qu'on ne s'y trompe pas, et qu'on ne laisse aucun motif à de justes réclamations; ce qui doit être détruit, autant qu'il est possible, diminué du moins et sévèrement surveillé, c'est le cabaret, rendez-vous ouvert à la dissipation, à la dépense, aux mauvaises compagnies, quelquefois à la sédition ; ce qui doit être respecté, encouragé, c'est le droit de l'homme qui travaille à trouver dans une liqueur bienfaisante le soutien ou la réparation de ses forces. Peut-être le moyen d'arriver à ce résultat si désirable touche-t-il à des modifications de l'impôt sur les boissons et des lois sur les octrois; peut-être aussi des particuliers pourraient s'entendre pour vendre aux ouvriers, à des prix modiques, du vin véritable, au lieu des liquides frelatés dont trop souvent les cabarets empoisonnent leur clientèle.

### *Imprévoyance, mariages précoces.*

2° On veut tenir les ouvriers en garde contre leur imprévoyance, contre la facilité avec laquelle ils contractent des unions précoces; on a raison; on ne saurait trop mettre sous les yeux des classes ouvrières le tableau des

(1) On paraît s'occuper à Rouen de la fondation d'une société de tempérance, qui voudrait, non pas supprimer l'usage des boissons alcooliques, mais éclairer les classes ouvrières sur les dangers résultant de l'abus de ces liqueurs, faire appel aux sentiments de dignité qu'outrage l'ivrognerie, et honorer, par quelques distinctions, les exemples de sobriété et de bonne conduite. (M. Audiganne, dans un article de la *Revue des Deux-Mondes* du 15 novembre 1851.)

embarras, des chagrins, de la pauvreté qu'entraînent, dans les villes, les familles nombreuses. A la campagne, les enfants sont des aides pour leurs parents; à la ville, ce sont des charges qui deviennent accablantes : le travailleur jeune, valide, courageux, suffit à sa subsistance, à celle de sa femme, de son premier enfant; mais si les produits n'augmentent pas dans la proportion du nombre des enfants, s'il y a des chômages, s'il survient des maladies, si la mort frappe ! Sans supposer aucun accident, l'ordre de la nature amène, avec l'âge, la diminution des forces, et c'est quand il en aurait plus besoin, que l'ouvrier sent qu'il en a moins. Cette situation est horrible pour le cœur d'un bon père. Qu'avant de se marier, les jeunes gens réfléchissent; que leurs parents les avertissent et les guident; que ceux-là seuls se marient qui ont des ressources actuelles, et, dans l'avenir, des chances probables de subvenir aux besoins d'une famille. La prudence parle ainsi; mais son langage ne saurait être absolu, et ses conseils laissent une large lacune ; dans les villes, où les rencontres entre les jeunes garçons et les jeunes filles sont fréquentes et faciles, dans les grands établissements industriels où elles sont de tous les jours, presque de toutes les heures, les passions amoureuses ont une grande puissance : des occasions entraînantes, des excitations souvent produites par les circonstances mêmes du travail, les rendent presque irrésistibles. Si vous faites trop peur du mariage, vous aurez des relations illicites, sans consécration et sans responsabilité, des garçons sans retenue, des filles sans pudeur, des enfants sans famille, c'est-à-dire tous les inconvénients du mariage précoce, moins le lien moral et la sainteté de l'union légitime. Contre ce mal, je vois peu de remède direct ; le préservatif est avant tout dans la pureté des mœurs, confiée à l'enseignement religieux, à la sollicitude des pères et mères, à la vigilance des patrons; dans les leçons de l'expérience, dans les habitudes d'économie et de conduite intelligente. Quant à la loi, je craindrais son intervention : les précautions qu'elle prendrait par des obstacles posés devant les mariages précoces courraient risque de fournir des prétextes en faveur d'un concubinage prolongé.

## *Turbulence, passions anarchiques.*

3° On veut éloigner les ouvriers de toute politique tur-
bulente et anarchique, de toute participation aux émeutes ;
on leur donne, pour cela, de fort bonnes raisons. Mais
les passions n'écoutent guère la sagesse : elles entraînent
surtout les hommes dont l'intelligence est peu cultivée,
dont les principes ne sont pas fixés, qui n'ont pas une
idée nette de leurs devoirs, de leurs droits, de leurs intérêts. Les ouvriers se laisseront moins emporter aux mou-
vements désordonnés et aux fausses doctrines quand ils
sauront, dès l'enfance, que la soumission aux lois est un
devoir sacré, que les émeutes sont des crimes en même
temps que des folies ; quand ils auront appris, avec les
premiers éléments de la lecture et de l'écriture, ce que
sont les lois de leur pays, et les règles du travail, de la
production et de la richesse. Si l'on veut assurer le repos public et maintenir les masses dans les voies de
l'ordre et de la prospérité, on devra, de toute nécessité,
joindre au catéchisme du chrétien le catéchisme du ci-
toyen et du travailleur. Ce n'est pas dans les écoles de
droit, dans quelques chaires élevées seulement à Paris,
qu'il suffit d'enseigner les institutions nationales et les
notions de l'économie politique ; c'est dans toutes les villes, dans tous les lycées et les colléges, dans nos campagnes même que cet enseignement doit pénétrer. Cependant rien de semblable n'est organisé, préparé, ni même
indiqué dans notre système d'instruction publique. Peut-
être m'est-il permis plus qu'à d'autres de déplorer cet
oubli. Convaincu de la nécessité, de la possibilité, de la facilité d'apprendre à tous ce qu'aucun n'est censé ignorer,
j'ai publié quatre ouvrages destinés à populariser la connaissance élémentaire du droit ; j'ai contribué, sous la direction et avec l'appui éclairé d'un homme de bien appelé depuis à d'éminentes fonctions, M. Boulay (de la Meurthe),
vice-président de la République, à introduire ces notions
dans les écoles mutuelles de Paris, où elles avaient été
accueillies avec faveur, étudiées avec succès. Ce qui me

paraissait nécessaire sous la monarchie n'est-il pas devenu absolument indispensable sous une République qui a proclamé le suffrage universel? On donne des droits à tous, et on ne les explique à personne! on demande aux citoyens le respect pour des institutions qu'on ne leur fait pas comprendre! on veut qu'ils obéissent à des lois dont ils ne connaissent pas le sens, ni, le plus souvent, l'existence! on invoque le maintien de l'ordre, et on n'en montre pas les conditions! Cette contradiction m'a toujours surpris et affligé.

De même pour l'économie politique; comment les ouvriers, les paysans résisteront-ils aux fausses théories qui leur arrivent de tous côtés, s'ils ne savent pas un mot des principes qui régissent le travail, le salaire, la propriété, toutes les parties de notre économie sociale? Ils croiront au premier sophisme qu'on leur dira, au premier utopiste qui viendra les bercer de fallacieuses illusions. Voulez-vous que les masses cessent d'être dangereuses pour le Gouvernement et pour la société? Enseignez-leur à la fois la religion, la loi et les vérités économiques.

*Défaut d'économie, travail, association, vie à bon marché,*
*institutions de prévoyance.*

4° L'ouvrier, dit-on, manque d'économie; sans souci de l'avenir, il dépense tout ce qu'il gagne, souvent même il contracte des dettes; l'économie et la prévoyance sont deux vertus qu'il importe essentiellement de lui inspirer, et sans lesquelles sa moralité et son bien-être resteront à tout jamais impossibles!.. Le reproche est fondé, le conseil excellent. Pour toucher à la question du remède pratique, il y aurait tant de choses à dire que je dois me borner à de rapides indications.

Les dettes étant un fléau pour l'ouvrier, c'est un devoir pour les patrons de l'empêcher d'en contracter, si cela dépend d'eux, et, à plus forte raison, de ne rien faire pour les lui faciliter. On a blâmé, on ne saurait trop blâmer les avances que des patrons font à leurs ouvriers sur les salaires, quand il n'y a pas nécessité absolue. A l'aide de ces avances, le travailleur prend l'habitude d'un laisser-aller déplorable, et il tombe à la discrétion de son créancier, qui peut abuser à l'excès d'une situation qu'il a faite avec imprudence certainement, peutêtre avec une coupable arrière-pensée.

Aux recommandations d'économie on fait une objection : Economiser, c'est facile à dire ; mais quelles économies peut faire celui qui n'a pas même de quoi subvenir aux premières nécessités de chaque jour ? N'est-ce pas une amère dérision de dire à qui n'a pas de pain : Mettez à la caisse d'épargne ?... Cette objection est viciée de pessimisme ; d'un autre côté, la réponse qui nie l'impossibilité de l'épargne est une exagération d'optimisme. Le plus souvent, l'ouvrier peut, quelque modique que soit son salaire, en garder une parcelle en vue de l'avenir ; mais, malheureusement aussi, dans les grandes villes, à Paris, on trouve des dénûments qui excluent toute idée d'économie, des misères si désolantes, même sans mélange de vices ou de fautes, que leur seule aspiration, à laquelle elles n'atteignent pas toujours, est d'échapper à l'épuisement, à la mort. Ces déchirantes extrémités se rencontrent rarement dans les campagnes ; il y est plus facile d'apaiser la faim : une grange, une étable sert d'asile ; le paysan partage son pain, le presbytère vient en aide, le riche propriétaire secourt le pauvre sans ressource. Ceci est l'œuvre de la charité : laissons-lui opérer ses miracles. Nous n'avons pas à nous occuper ici de ceux qui ne peuvent pas épargner ; nous ne pouvons que les plaindre et tâcher de les soulager.

Ceux qui sont en état d'économiser le veulent-ils toujours ? Non. C'est une observation constante, que les ouvriers rétribués par les plus forts salaires n'ont pas toujours le plus d'aisance ; souvent les plus habiles dépensent en vêtements de luxe, en plaisirs, en boissons, l'argent qu'ils gagnent et qu'ils regretteront plus tard d'avoir si follement dissipé. Ce fait, qui démontre la nécessité de joindre à l'habileté et à l'instruction, l'éducation, la bonne conduite, est constaté non-seulement dans les livres, mais par l'expérience des hommes voués à la carrière industrielle.

« Donner l'instruction, et avant tout moraliser, disent MM. Jappy frères, à Beaucourt, dans l'enquête industrielle faite en 1848 par l'association formée à Mulhouse pour la défense du travail national (1). Nous avons l'expérience que beaucoup d'ouvriers, pères de famille, gagnant 2 fr. à 2 fr. 25 c. par jour, économes, rangés, de prolétaires sont devenus propriétaires ; tandis que d'autres ouvriers gagnant le double, adonnés à la boisson, à la débauche, sont continuellement dans la gêne et les dettes. » Il en est de même partout.

Pour épargner, il ne faut donc pas seulement pouvoir, il faut vouloir. J'écris dans l'intérêt de ceux qui veulent.

Trois conditions sont nécessaires à la formation des épargnes de l'ouvrier de bonne volonté : le travail, la vie à bon marché, des institutions de prévoyance.

*Le travail.* L'ouvrier, en général, ne vit que de son salaire ; or, sans travail, pas de salaire. Assurer à l'ouvrier du travail, c'est le but que l'on doit se proposer ; le garantir contre les chômages imprévus, accidentels, ce n'est pas possible d'une manière absolue : mais, au moment des crises, la prudence, l'humanité des patrons peut beaucoup ; l'administration publique a aussi des ressources dans les travaux qu'elle doit tenir en réserve ; les particuliers riches trouvent également des moyens d'adoucir les moments difficiles, en faisant exécuter sur leurs propriétés des travaux extraordinaires.

Une institution utile pour procurer, dans les temps or-

---

(1) Lorsque l'Assemblée nationale ordonna, en mai 1848, une enquête générale sur la situation des populations ouvrières en France et les moyens de l'améliorer, l'association pour le travail national, encouragée par la chambre de commerce de Mulhouse, adressa les questions du programme officiel aux manufacturiers et à d'autres personnes des six départements du nord-est, Haut-Rhin, Bas-Rhin, Vosges, Meurthe, Doubs et Haute-Saône ; les résultats de cette enquête officieuse ont été publiés dès juin et juillet 1848 par les soins du comité de l'association. J'aurai souvent occasion de citer cet intéressant document.

dinaires, du travail aux ouvriers, c'est l'organisation des bureaux de renseignements et de placements, qui feraient connaître au loin les besoins et les offres. Cette idée avait été réalisée particulièrement à Strasbourg : M. Amédée Hennequin a fait connaître, par plusieurs articles insérés dans les *Annales de la Charité*, ce qu'étaient les placeurs de cette ville. Un honorable représentant, M. Félix de Saint-Priest, avait fait une proposition qui généralisait l'institution ; la mort l'ayant enlevé, sa proposition a été reproduite par deux de ses collègues, MM. Ducoux et Ceyras ; l'Assemblée législative l'a prise en considération, et on doit espérer qu'il en sortira un établissement utile pour les travailleurs.

La législation et le Gouvernement ont une grande action sur le développement du travail, et par conséquent sur le bien-être du travailleur, indépendamment de ce que le pouvoir a le droit et l'obligation de faire par des mesures de police dans l'intérêt de la santé et de la morale des travailleurs. « On sent bien, dit M. Fix, que la modération des impôts, leur équitable répartition, un système de douanes facile, des voies de communication nombreuses, un crédit public fortement organisé, sont autant de circonstances favorables au développement de la richesse publique, et par conséquent au bien-être des classes inférieures..... En multipliant les ressources, en facilitant le travail et la production, on augmentera la part de tous les travailleurs, et naturellement la rapidité des échanges. »

Dans son résumé, le comité d'enquête de l'association de Mulhouse, après avoir dit que l'une des causes du malaise des ouvriers est dans les interruptions malheureusement fréquentes du salaire, ajoute que le moyen de remédier aux chômages serait :

« D'augmenter la consommation par le développement de l'aisance générale. Ce but serait atteint si l'on encourageait l'agriculture de manière à ce qu'elle créât des produits plus abondants et à plus bas prix : si l'on diminuait les charges, impôts, octrois qui enlèvent au consommateur une grande partie de ses ressources; si enfin on mettait l'industrie à même de produire à meilleur marché par la réduction des taxes qui grèvent les matières premières, et par l'ouverture de canaux et de chemins de fer, destinés à transporter les marchandises, selon l'opportunité, avec économie ou avec célérité.

« D'élargir les débouchés extérieurs ; résultat auquel on arriverait en favorisant une constitution assez vaste et assez puissante de notre commerce extérieur pour lui permettre non-seulement de se livrer à des opérations d'exportation, constantes et suivies, mais encore d'augmenter les ventes à l'étranger, dans les moments où il y a engorgement de produits à l'intérieur, de manière à soulager notre marché et à permettre la création de nouveaux produits.

« Par ce moyen, les fabriques ne chômeraient à aucune époque, et le salaire continu serait assuré aux travailleurs. »

L'opinion, ainsi motivée, des chefs d'industrie de toute une région manufacturière de la France est d'un grand poids ; elle peut rencontrer des difficultés au point de vue des finances de l'Etat, et on s'aperçoit qu'elle côtoie de près la grande question du libre échange, si vivement contestée, et qui a été récemment, à la tribune nationale, l'objet d'une si ardente controverse entre M. Sainte-Beuve et M. Thiers, controverse suivie d'un vote hostile aux théories des libre-échangistes. Quoi qu'il en soit, il est évident que toute diminution de droits sur l'achat des matières premières et des instruments de travail, toute mesure favorable à l'extension de la production et de la consommation, tourne au profit du salaire, et, par suite, ouvre l'acheminement vers l'économie.

Enfin un dernier élément joue un grand rôle dans le mode et les conditions du travail, c'est l'association. La puissance de l'association est désormais un axiome de l'économie industrielle : le raisonnement et les faits ont tout prouvé à cet égard. Il ne s'agit plus que d'examiner l'étendue, la possibilité, l'opportunité des applications à la vie et aux travaux de l'ouvrier. Je parlerai plus loin de l'association destinée à rendre moins chère l'existence matérielle : celle-là n'a point d'adversaires sérieux ; je parlerai aussi de l'association pour des objets d'instruction et de plaisir. Je m'occupe ici exclusivement de l'association qui a pour but le travail lui-même et ses produits.

Depuis quelques années, surtout depuis 1848, on a exagéré les chances des résultats que les ouvriers peuvent attendre de la mise en commun de leurs efforts. J'ai tâché, ailleurs, de limiter la sphère où l'association peut agir utilement. (*Du vrai et du faux socialisme*, p. 21 et suiv.) Je n'y reviendrai pas : j'admettrai comme prouvé que l'association du patron avec les ouvriers n'est pas une bonne combinaison ; la démonstration à ce sujet se trouve poussée jusqu'à l'évidence dans l'enquête industrielle de Mulhouse : certes, personne ne refusera de s'en rapporter à l'expérience, à l'habileté, à l'humanité généreuse des Schlumberger, des Bourcart, des Kœchlin, des Jappy et autres chefs de l'industrie alsacienne.

C'est sur l'association entre ouvriers que doit se concentrer toute l'attention. Là s'opère un grand mouvement ; là se prépare un grand avenir. Nous n'en sommes encore qu'à la période des essais contestés, bien que des exemples déjà anciens soient connus. L'enthousiasme des uns a provoqué le dénigrement des autres ; l'esprit de parti a gâté et ruiné plusieurs expériences ; les économistes n'ont pas été encourageants ; les assemblées législatives ont subventionné quelques tentatives, mais leurs orateurs les plus éminents ont témoigné peu de confiance, et leurs rapports parlementaires sur les résultats obtenus n'ont pas présenté les choses sous un jour satisfaisant. Au milieu de ces doutes, de ces embarras qui entravent toujours les premiers pas d'une marche nouvelle, il faut se poser cette question dominante : Le principe de l'association entre ouvriers est-il bon, est-il moralisateur ? Si oui, c'est un devoir pour tous de travailler à l'étendre. Or, sur ce point, le doute ne paraît pas possible. L'association remédie à l'isolement résultant de la liberté telle que l'a faite, dans l'industrie comme dans la vie politique, la révolution de

1789 ; elle combat l'égoïsme par la solidarité ; elle inspire la sécurité qui abandonne souvent l'ouvrier seul ; elle resserre les sympathies par les liens de l'intérêt légitime ; elle donne à l'homme, avec le sentiment de nouveaux devoirs, celui de sa dignité, de sa responsabilité, de sa force.

Ce qui est bon et moral est-il praticable et avantageux pour l'ouvrier? Des faits, restreints à quelques exploitations rurales, à quelques réunions peu nombreuses d'ouvriers, semblaient répondre affirmativement ; mais cette réponse était insuffisante, et l'impulsion donnée aux esprits après la révolution de Février rendit un nouvel examen nécessaire. De là les questions suivantes de l'enquête ordonnée par l'Assemblée nationale : « Existe-t-il, dans le canton, des associations, soit entre ouvriers, soit entre patrons et ouvriers? S'il en existe, quels sont les conditions et les résultats de ces associations? quelles applications nouvelles pourrait-on faire des principes de l'association? » Voici comment les réponses sont résumées dans le rapport de M. Lefebvre-Duruflé, présenté à l'Assemblée nationale, le 18 décembre 1850 : « Dans quelques cantons, on place au rang des associations l'exploitation du colon partiaire et l'espèce de société en participation qui s'établit dans certains ports de mer entre les pêcheurs et les armateurs. On cite aussi des exemples d'associations temporaires d'ouvriers formées pour exécuter quelques travaux publics ; mais, en dehors de ces rares exceptions, on répond de toutes parts que l'association est chose inconnue ; et, loin de croire que son principe soit susceptible d'applications nouvelles, ouvriers et patrons proclament d'un commun accord que le besoin des associations ne se fait sentir nulle part, qu'on les regarde comme impossibles. On va jusqu'à les qualifier de fléau qui frapperait à mort l'ouvrier laborieux, et à les signaler comme contraires aux instincts de la population, comme antipathiques à l'esprit public. »

L'enquête antérieure et officieuse provoquée par le comité de Mulhouse exprime le désir que l'association entre ouvriers puisse se pratiquer et réussir. Les industriels.

éminents des départements de l'est signalent comme obstacles l'état moral actuel des ouvriers, et le défaut de crédit exigé pour les affaires industrielles. La moralité ! « Les associations, même momentanées, formées entre ouvriers, ont dit MM. Kessler, de Soultzmatt, pour des exploitations, des travaux, n'ont jamais pu réussir ; dans leur état actuel, ils sont incapables de s'entendre ; on les voit, au bout de peu de temps, se séparer en dissension. » MM. Stamm, à Thann, tiennent le même langage. « Des chefs ont souvent essayé, dans l'espoir d'accélérer les travaux ou d'augmenter les produits, d'associer des ouvriers ensemble ; mais les résultats ont toujours été mauvais ; pour la répartition du gain, il fallait nécessairement adopter des bases de partage, fondées sur l'activité ou sur l'adresse de chacun des associés. C'était là une source constante de querelles, de reproches, qui demandaient à chaque instant l'intervention des chefs ; il a fallu y renoncer. » (MM. Peugeot, à Audincourt.) Posons donc ceci comme fait, disent MM. Japry frères, à Beaucourt : « L'instruction des ouvriers n'est pas assez avancée pour qu'une *grande* association entre eux puisse avoir de bons résultats. Il faut qu'ils se défassent d'un esprit de défiance mutuelle, d'une certaine jalousie qui les divise. Il faut surtout qu'ils arrivent à mériter leur confiance réciproque par une ferme volonté de fournir à la masse le maximum du travail dont ils sont capables, et par une conduite à l'abri des reproches de leurs cointéressés. » — Pour le crédit, l'enquête de Mulhouse met en dehors des possibilités des associations d'ouvriers les grandes entreprises manufacturières qui demandent de vastes capitaux, une direction unique et de nombreuses relations commerciales ; dans l'état actuel, le crédit manque de confiance pour aider les associations d'ouvriers entre eux.

Les industriels de l'est ne proscrivent pas pourtant l'association ; ils ne la traitent pas comme un rêve ni comme un malheur ; ils en ressentent seulement les limites : « L'association entre ouvriers est certainement possible, applicable pour certains travaux de peu de durée et peu compliqués, et dans lesquels la main-d'œuvre entre pour la plus grande part, tels que terrassements, coupes dans les forêts, défrichements ou exploitations de mines. » (MM. Schlumberger et Hofer, à Ribeauvillé; Zuber et compagnie, à Rixheim.) C'est dans le même esprit, et en vue principalement de la même nature de travaux, que l'assemblée nationale a voté un subside de 3 millions pour encourager les associations.

On voit par ce qui précède que des manufacturiers éclairés approuvent le principe, qu'ils regrettent le défaut de succès résultant surtout des imperfections morales des ouvriers, et qu'ils limitent les associations à certaines entreprises de peu de durée où domine l'élément de la main-d'œuvre.

Des faits nouveaux se sont produits. Les ouvriers n'ont pas pu remplir et ne rempliront pas de longtemps les conditions requises pour la grande industrie manufacturière; dans les essais tentés par diverses industries qui ne demandent pas de forts capitaux, les résultats ont varié : l'inexpérience, l'indiscipline, de mauvais règlements, l'incapacité de la gestion, la qualité inférieure des produits ont porté malheur aux associés. Ailleurs, l'échec est venu de l'invasion de la politique qui voulait se cacher sous le manteau du travail. Mais aussi des associations ont réussi, alors même qu'elles n'avaient pas pour objet seulement des travaux momentanés, comme un pavage, la confection d'une route, la coupe d'une forêt, mais l'exercice continu d'une industrie.

C'est dans le département de la Seine que se sont formés la plupart de ces groupes industriels. La difficulté de créer une clientèle a retardé le mouvement d'association dans les villes de province. A Paris, sans parler des sociétés, peu solides, des cafetiers, des cuisiniers, etc., il existe des associations d'ouvriers qui sont en voie de progrès et même de prospérité. Telles sont celles des tailleurs, des ferblantiers, des menuisiers en fauteuils, des ouvriers en limes, des facteurs de pianos, des tourneurs en chaises, des corroyeurs, sur lesquelles on trouve d'intéressants détails dans la brochure récente de M. André Cochut, intitulée *les Associations ouvrières*. Les maçons ont aussi des associations qui entreprennent des constructions de maisons. J'ai visité les magasins et les ateliers de l'association des ébénistes au faubourg Saint-Antoine, et j'ai pu constater le bon goût, le prix modéré des produits, ainsi que l'organisation intelligente de la société et l'ordre avec lequel elle fonctionne. Dans plusieurs villes, à Sedan et en Alsace, les bottiers-cordonniers se sont récemment associés.

Un grand meeting des associations ouvrières vient d'avoir lieu à Londres. On y comptait celle des tailleurs et deux de maçons, toutes florissantes. Il existe des associations de travail à Edimbourg, à Glasgow, à Newcastle-upon-Tyne, à Manchester; il y a plus, et ceci est un progrès bien remarquable, deux manufactures, occupant près de trois cents travailleurs, sont exploitées par des sociétés ouvrières, à Bacup et à Pandleton, près de Manchester. Cette tendance a frappé le gouvernement anglais, qui, dit-on, se propose de faciliter, par de nouvelles dispositions législatives, l'établissement des sociétés ouvrières.

En présence de pareils faits, l'association entre ouvriers ne peut plus être déclarée impraticable : après avoir répudié les utopies de l'association forcée et de l'égalité des salaires, après avoir abandonné l'idée inique, irréalisable, de la commandite générale par l'Etat, qui a été victorieusement réfutée, notamment par M. Loyer, dans la discussion qui s'est élevée sur le rapport de M. Lefebvre-Duruflé au commencement de cette année, les associations ouvrières resteront ce qu'elles doivent être, un moyen de moralisation et de bien-être, si elles cherchent leur prospérité dans la bonne conduite, dans le travail assidu, dans le véritable esprit de fraternité qui est inséparable de la fidélité à tous les devoirs et du respect pour les lois. Les citoyens leur peuvent venir en aide par des commandes et des achats, le Gouvernement le peut par des encouragements ou secours, qui ne seraient pas plus une commandite que ne le sont les primes accordées à certaines industries.

*La vie à bon marché.* Pour que l'ouvrier puisse faire

des économies sur son salaire, il faut qu'il se procure à
bon marché les objets de première nécessité, la nourriture, le vêtement, le logement. La difficulté de couvrir
ces frais est moindre à la campagne qu'à la ville ; les
droits d'octroi n'existent pas dans les villages, et ils augmentent notablement le prix des objets de consommation
pour les habitants des villes. Dans les grandes cités, le
logement est souvent la dépense la plus lourde : quiconque s'est occupé des questions d'assistance, à Paris, sait
que le payement des termes de loyer est un des plus
grands embarras de la classe laborieuse, embarras que
l'on a atténué par le payement à la semaine, par des
avances ou des primes aux locataires pauvres et exacts,
par des combinaisons de ménages communs, mais qu'on
est loin encore d'avoir sensiblement soulagé. Sous le
rapport des facilités, de la salubrité de la vie matérielle
et des avantages moraux qui en sont les conséquences,
les ouvriers non-seulement de l'agriculture, mais de l'industrie manufacturière établie dans les campagnes, présentent des conditions bien meilleures que ceux qui de-
meurent enfermés dans les villes. Les nombreuses usines
de l'Alsace et du département du Nord, notamment celle
de Marquette, dont j'aurai à parler souvent, en fournis-
sent la preuve. L'enquête de l'association de Mulhouse
contient, à ce sujet, des témoignages remarquables.

« Dans notre localité, disent MM. Schlumberger et
Hofer, à Ribeauvillé, la condition de l'ouvrier laborieux
n'est pas malheureuse ; chaque famille possède une petite
maison ou la moitié d'une maison, un champ ou une petite pièce de vigne ; deux fois par semaine, tous peuvent
aller chercher du bois mort dans les forêts. » — « Nos
ouvriers sont assez bien logés, dit M. Bourcart, de
Guebwiller ; dans des temps ordinaires ou favorables, les
ouvriers qui ne sont pas dans un extrême malheur (et ce
dernier cas est heureusement rare ici) se nourrissent
bien ; l'ouvrier a généralement de bons vêtements ; il
économise sous ce rapport dans les temps de crise. » —
« La majorité de nos ouvriers est propriétaire. La plupart des habitations sont saines. Autrefois les pommes

de terre et les gros légumes faisaient la principale [nourriture des habitants du canton. La maladie des pommes de terre a rendu nécessaire l'usage du pain. Cet usage est passé en habitude et la consommation en a beaucoup augmenté. La viande de boucherie est entrée aussi pour une proportion beaucoup plus forte dans l'alimentation ; dans l'espace de trente ans, le nombre des bouchers a quadruplé. On peut admettre que la nourriture se trouve en général dans de bonnes conditions hygiéniques. Les vê'ements satisfont, pour la plupart, aux conditions de la décence, de la propreté, et aux exigences des saisons... Il faut d'ailleurs observer que les ressources de nos ouvriers ne se bornent pas à leur salaire ; qu'un assez grand nombre est propriétaire ; enfin que tous sont appelés à jouir des avantages communaux, lesquels consistent : 1° dans le partage des coupes des forêts appartenant à la commune ; 2° dans l'usage des pâturages communaux ; 3° enfin, dans la faculté d'exploiter, moyennant une très-légère redevance, une portion de terrain propre à la culture. » (MM. Gros, Odier, Roman et compagnie, à Wesserling.) — « Les habitations des ouvriers sont saines. Chaque ménage a la jouissance d'une parcelle de terre, qu'il a eu le temps de bien cultiver. » (MM. Japy frères, à Beaucourt.) — « Les conditions de l'existence de nos ouvriers laissent peu à désirer. La plupart habitent leur propre maison, et possèdent quelques pièces de champ. Leurs habitations deviennent de plus en plus saines. Cela tient à ce qu'ils travaillent dans des ateliers bien aérés et rigoureusement tenus propres, ce qui leur fait prendre les mêmes habitudes dans leur intérieur. La circonstance très-importante que nos ateliers sont situés dans la campagne est, selon nous, la condition vitale pour faire obtenir à l'ouvrier cet état d'aisance et cette vie de famille dont jouissent les nôtres. » (MM. Zuber et compagnie, à Rixheim.)

Écoutez, au contraire, le langage des fabricants de la ville de Mulhouse : « Les ouvriers de filature sont, en général, médiocrement logés et assez bien vêtus ; mais ils se nourrissent mal, pour la plupart, afin de pouvoir con-

sacrer une plus forte somme aux dépenses du cabaret. »
(MM. Hirn et Guth.) — « Nourriture passable et vêtements assez bien, sauf les cas très-rares de disette ; mais
les logements généralement misérables et malsains. »
(MM. Schlumberger fils et compagnie.) Après avoir
parlé des vices ou des mauvaises habitudes qui conduisent
à l'indigence les ouvriers des villes, M. Salzmann, de
Ribeauvillé, ajoute : « A côté de ceux-ci, nous voyons
des hommes rangés, des femmes qui comprennent leur
devoir. Ces ménages ont traversé les mêmes temps ca-
lamiteux qu'invoquent les premiers comme principale
cause de leur détresse actuelle. Ils habitent des demeures
propres et saines, et font face à toutes leurs dépenses
avec le même salaire. »

Des rapprochements semblables peuvent se faire pour
les ouvriers de l'industrie lyonnaise et normande. M. de
la Farelle (*Du progrès social*, p. 217), généralisant la
comparaison, oppose les misères et les vices des populations ouvrières agglomérées dans les villes, à la situation
satisfaisante des bourgs industriels de l'Ecosse, et à la
peinture que trace de ceux d'Amérique M. Michel Chevalier, dans ses lettres sur les Etats-Unis. Le même éco-
nomiste, d'accord en cela avec l'opinion exprimée à l'Institut par M. Léon Faucher et plusieurs de ses collègues,
avec celle de M. Fix et d'un grand nombre d'administrateurs et d'hommes politiques, exprime le désir de voir
les ouvriers des centres industriels se loger dans les villages ; il provoque la construction d'habitations destinées
à cet usage, et indique les avantages de la vie rurale joints
à quelques-uns de ceux de la vie en commun. Par là on
combattrait la tendance à l'émigration dans les villes, des
populations agricoles : ce dernier fait, nuisible à l'agriculture, peu favorable à l'industrie qu'il encombre de bras
inutiles, embarrassant quelquefois pour la tranquillité publique, a excité beaucoup de préoccupations ; les industriels de l'est le constatent sans s'en étonner : ils l'expli-
quent par l'élévation relative des salaires, par la moindre
durée des chômages ordinaires, par la facilité de trouver
des travaux moins fatigants que ceux de la campagne,

par les moyens d'instruction, par l'attrait des plaisirs. Ils ne pensent pas que le mouvement qui grossit les populations urbaines puisse être arrêté par des mesures préventives ; suivant eux, les moyens d'arriver à ce but seraient de favoriser le développement de l'agriculture par des mesures protectrices, telles que des institutions de crédit, l'abolition de la vaine pâture, etc., et de créer dans les campagnes des travaux productifs d'utilité publique, qui emploieraient les bras surabondants pour les opérations agricoles, travaux qui varieraient essentiellement selon les conditions topographiques, la nature du sol et l'état plus ou moins avancé de l'agriculture. (Voyez *Enquête industrielle*, p. 106 et suiv.)

Sans doute la dispersion, de plus en plus prononcée, des ouvriers industriels dans les campagnes serait un bien, et l'intérêt de la plupart des fabricants leur conseillerait d'éloigner leurs établissements des grandes villes, où les conditions de la fabrication sont, en général, plus onéreuses, éloignement qui serait d'autant plus facile aujourd'hui que les voies rapides de communication rapprochent les grands centres d'industrie des grandes villes de commerce. Mais je n'ai point à examiner à fond cette question : j'ai voulu montrer seulement que l'intérêt de la moralité et du bien-être des ouvriers trouve plus aisément satisfaction dans les campagnes qu'à la ville, qu'ainsi les administrateurs, les patrons, les citoyens doivent se conduire d'après cette donnée.

Je reviens aux éléments de la vie à bon marché. Dans l'intérieur des grandes villes, le prix des loyers ne peut guère être diminué d'une manière sensible que par la création d'habitations spéciales. L'Angleterre donne, à ce sujet, de bons exemples ; les cités ouvrières m'ont toujours paru susceptibles de graves inconvénients à Paris, où, d'ailleurs, elles n'ont pu s'établir. Il en est de même, peut-être, dans d'autres grandes villes industrielles ; mais les propriétaires d'immeubles à peu de distance des fabriques, les fabricants eux-mêmes, servent bien les intérêts des classes ouvrières et les leurs propres en réunissant les ouvriers dans des habitations communes, saines et con-

venables. C'est ce que font beaucoup de maîtres de forges
et de manufacturiers de toutes les contrées de la France,
qui logent leurs ouvriers, les uns gratuitement, les autres
moyennant un faible prix de location; d'autres, comme
la société des mines d'Anzin, ont fait bâtir dans plusieurs
villages de petites maisons avec jardin, qu'ils louent à des
familles de leurs ouvriers; chaque famille occupe une de-
meure séparée, ordinairement composée de deux pièces
basses, deux pièces hautes, une cave, un petit jardin et
la jouissance commune d'un four et d'un puits; plus de
1,000 maisons appartenant à la compagnie reçoivent cette
destination; le loyer que paye l'ouvrier est de 2 fr. 50 c.
à 4 fr. par mois; le même logement coûte aux autres ouvriers de 8 à 12 fr. (Rapport fait, en 1849, par M. Le-
bret, régisseur-gérant de la compagnie.)

MM. Scrive frères ont fait construire à Marquette, près
de Lille, des maisons pour deux cents ouvriers; chaque
logement se compose de deux ou quatre pièces, louées
chacune, en moyenne, 60 centimes par semaine; ils four-
nissent le lit garni, moyennant une retenue de 5 centimes
par jour. Ils ont mis à la disposition des ouvriers un
réfectoire, qui sert de salle de réunion.

Quant à la nourriture, l'achat et la cuisson des aliments
en commun pour un grand nombre de personnes sont
des moyens puissants d'économie. Ils ne sauraient être
trop recommandés; on les voit mis en usage soit dans
l'intérieur des établissements industriels, soit au dehors
par des associations spéciales ou des œuvres charitables.
Je vais citer des exemples.

Dans un établissement de filature et de moulinage de
la soie, à Ganges (Hérault), MM. de Larbre ont placé une
cuisine avec des fourneaux, à l'usage commun de toutes
leurs ouvrières.

L'association libre des ouvriers pour le pain, la viande,
le combustible, le vin, se pratique dans les fabriques, souvent avec le concours des patrons, et ces sortes d'associations ne sauraient être trop encouragées. MM. Scrive
ont fait établir à leurs frais, à Marquette, un appareil à
vapeur pour faire la cuisine aux ouvriers, qui ont formé

entre eux une commission : deux membres de cette commission font, chaque semaine, l'achat et la distribution des aliments ; les ouvriers ne sont pas obligés de prendre part à cette alimentation ; le bénéfice résultant de cette gestion est versé dans une caisse dont le total est partagé tous les trois mois entre tous les associés, au prorata de la dépense de chacun. Un ouvrier est nourri, le pain compris, pour 3 fr. 35 cent. par semaine. Pour le pain, MM. Scrive ont construit un four chauffé au charbon de terre, et avec un pétrin mécanique ; chaque ouvrier peut toujours se procurer à cette boulangerie le pain à un prix inférieur à celui de la taxe.

« Dans l'établissement de Wesserling, en Alsace, dit M. Fix (*Observations sur l'état des classes ouvrières*, p. 373), les ouvriers, au moyen d'une retenue, achètent en commun du blé, et la boulangerie qu'ils ont élevée leur fournit, ainsi qu'à leurs familles, d'excellent pain à meilleur marché que celui qu'ils prendraient chez le boulanger. Voilà un genre d'association qu'il est facile de propager et d'étendre à d'autres consommations. De pareils arrangements ont l'avantage de présenter une économie et de soumettre l'ouvrier à une règle et à des habitudes d'ordre qui exercent une salutaire influence sur toutes ses actions. Ils aiguisent ensuite son esprit, et le portent à rechercher de nouveaux moyens pour améliorer sa condition et pour ne pas payer les profits souvent exorbitants des fournisseurs détaillants. Ces associations, qui, nous le répétons, peuvent s'appliquer à la fabrication d'autres objets, établissent ensuite entre les ouvriers une confraternité fort utile aux mœurs. Une gestion de cette nature les familiarise également avec le régime administratif et leur procure des connaissances pratiques qu'ils appliquent ensuite à d'autres transactions. L'association donnera enfin plus de fixité à l'existence de l'ouvrier ; il changera moins souvent de condition et de lieu, et, dans l'industrie parcellaire, il lui sera alors plus facile de passer de l'état d'ouvrier à celui d'entrepreneur, parce qu'il se sera fait connaître, et que les personnes qui l'entourent auront pu apprécier sa capacité et sa moralité. »

L'institution la plus remarquable qui ait été fondée pour et par les ouvriers d'un établissement industriel, dans l'intérêt de la vie à bon marché, est celle qui existe à Guebwiller sous le nom de *caisse du pain;* son nom indique son origine. En 1832, MM. Schlumberger et Bourcart firent comprendre à leurs ouvriers les inconvénients résultant pour eux de l'achat du pain en détail, et les avantages qu'ils trouveraient à le fabriquer eux-mêmes. Les ouvriers suivirent ce conseil; ils s'associèrent : les patrons mirent à leur disposition un local convenable. La caisse du pain ne s'est pas bornée aux opérations de boulangerie pour lesquelles elle a été d'abord créée; elle a successivement entrepris la fourniture du bois et de certaines denrées de première nécessité. Enfin elle est devenue une banque de prêt gratuit. Elle est formée, alimentée, dirigée par les ouvriers; elle n'est obligatoire pour aucun d'eux; elle n'admet que ceux qui offrent des garanties de moralité suffisantes; elle est administrée par un comité élu par les sociétaires. Le fonds social est formé d'une masse apportée par chacun d'eux, et dont le montant est proportionnel au salaire gagné par chaque catégorie d'ouvriers.

Un rapport fait, en 1839, à la société industrielle de Mulhouse estimait que, depuis 1832, la caisse du pain de Guebwiller, tout en livrant aux sociétaires 452,181 miches de 5 livres à 12 centimes et demi de moins que les boulangers, avait réalisé un fonds de caisse d'environ 13,000 fr., ce qui, joint au bénéfice recueilli jour par jour par les ouvriers sur la quantité de pain qu'ils avaient consommée, constituait une économie réelle de 69,522 fr. 62 c. Les consommations faites par la société se montent, par année, en bois, de 17 à 20,000 fr.; en farine, à 54,000 fr.; en fournitures diverses, pommes de terre, saindoux, étoffes, sabots, etc., à 10,000 fr. Les prêts en argent faits aux membres de la société s'élèvent annuellement à environ 16,000 fr.; et, chose remarquable, une somme de 3,000 fr. suffit à cette circulation. En 1849, l'association se composait d'environ trois cent quarante familles, chacune comprenant, en moyenne, quatre à cinq individus. On trouvera des détails plus circonstanciés sur cette excellente institution dans un article intitulé *Notes de voyage*, que M. Amédée Hennequin a publié dans *le Correspondant* du mois d'avril 1849.

C'est sans doute la caisse du pain à Guebwiller qui a inspiré une création semblable dans les usines de Dieuze. La cherté exceptionnelle du blé en 1847 ayant rendu le salaire des ouvriers insuffisant pour la nourriture, M. de Grimaldi, administrateur éclairé et paternel, institua, dans l'établissement même, une boulangerie qui livra le pain, aux ouvriers et à leurs familles, à 30 cent. par kilogramme, prix moyen des cinq années précédentes. La crise passée, l'administrateur proposa aux ouvriers de leur laisser la boulangerie aux conditions suivantes : les approvisionnements fournis par la compagnie sans intérêts; le pain payé au taux de la ville, s'il n'excédait pas 30 cent., et s'il s'élevait plus haut, le surplus payé par la compagnie; versement des bénéfices dans une caisse de secours administrée par le directeur, par des employés et par des délégués des ouvriers, nommés par les ateliers de l'usine; versement dans cette caisse du produit des amendes et des retenues. Cette proposition, comme on le pense, fut acceptée avec empressement. La boulangerie fut d'un grand secours pendant les chômages de 1848; elle a continué d'opérer depuis lors. Il y a plus, les secours distribués par la compagnie venant en déduction des dépenses de la caisse de secours, celle-ci augmentait ses fonds qui restaient sans emploi. M. de Grimaldi a pourvu à cette situation de la manière la plus intelligente; à la fin de 1850, la caisse possédait un solde disponible de 15,000 fr. Une somme de 1,000 fr. fut réservée pour les besoins éventuels; le reste fut divisé en deux parts : l'une pour premier fonds d'une caisse de prêts pour les ouvriers, l'autre mise à la disposition des ouvriers ayant droit. La compagnie ayant doublé gratuitement le premier fonds de la caisse de prêts, celle-ci peut faire des avances s'élevant de 30 à 40,000 fr. par an, la durée moyenne des prêts étant de trois à quatre mois. On trouve sur cette organisation des détails intéressants dans un article de M. Ad. Blaise, publié par *le Pays* du 24 octobre 1851. On y voit que M. de Grimaldi n'a pas borné là sa sollicitude, et qu'il a pris un ensemble de dispositions généreuses qui ont pour but d'assurer aux ouvriers un avenir par une participation aux bénéfices, et en récompensant l'esprit d'épargne et de prévoyance.

En dehors des fabriques, l'économie résultant des achats et des confections en commun pour les aliments a été pratiquée par des sociétés religieuses ou philanthropiques et par des associations volontaires d'ouvriers ou de citoyens n'ayant que des ressources très-étroites. A la première catégorie se rapportent, par exemple, la société philanthropique de Paris, qui, pendant chaque hiver, a des fourneaux où se vendent, à bas prix, des soupes et des légumes, et la société de Saint-Vincent-de-Paul, qui a établi, dans plusieurs quartiers de Paris, des marmites, c'est-à-dire des cuisines où, pour un prix très-modique, les sœurs distribuent du bouillon, du bœuf et des légumes.

Les associations libres formées dans le but d'obtenir à bon marché les objets de consommation deviennent de plus en plus nombreuses depuis quelque temps; les boucheries, boulangeries, épiceries sociétaires se propagent et réussissent, surtout dans les départements du Nord, de l'Aisne, du Pas-de-Calais, des Ardennes; on cite aussi les boucheries sociétaires de Bordeaux, de Cherbourg, de Nancy. La société alimentaire de Grenoble est une réunion de personnes ayant droit de venir acheter, au moyen de jetons acquis d'avance, des aliments préparés dans une cuisine commune, soit pour les emporter à leur domicile, soit pour les consommer dans des réfectoires mis à leur disposition.

Une notice intéressante de M. Rivier, juge au tribunal civil de Grenoble, insérée dans les *Annales de la charité*, livraison de septembre 1851, contient de nombreux détails sur cette institution. Accueillie, d'abord, avec quelque méfiance, la société alimentaire a commencé à fonctionner en janvier 1851, ne comptant que 965 personnes; en juin suivant, elle avait 2,020 membres. Les bénéfices qu'elle a déjà réalisés ont servi à payer ses frais de premier établissement ; quand elle se sera libérée, ses bénéfices lui permettront de livrer les aliments à des prix encore inférieurs à ceux d'aujourd'hui.

La plus importante des associations pour la vie à bon marché, celle qui a donné l'impulsion et fourni le type aux autres, c'est la société de *l'Humanité*, à Lille. On trouvera des détails sur son organisation dans un article de M. Audigane, sur les populations ouvrières (*Revue des Deux-Mondes*, livraison du 1ᵉʳ septembre 1851) et dans la brochure de M. Cochut, sur les associations ouvrières, paragraphe 10. Elle a été fondée en mai 1845, et elle a pour but principal de procurer à ses membres, à bon marché et en bonne qualité, la viande de boucherie, le pain, les vêtements et le chauffage ; on y a joint d'autres objets, mais ce sont des accessoires ou des projets, et l'association ne pourrait pas étendre le nombre et les espèces de ses opérations sans compromettre son avenir.

*L'Humanité* admet toutes les personnes qui se présentent, pourvu qu'elles offrent une moralité sans tache. La cotisation de chaque sociétaire est de 15 centimes par semaine. Le nombre des associés dépasse 1,500 ; ils sont divisés par groupes de vingt ; chaque groupe nomme un vingtainier ; cinq groupes forment une centaine et choisissent un centainier. L'association a un président élu chaque année, et est administrée par une commission générale qui se réunit au moins une fois par mois et se divise en sous-commissions dites des subsistances, de l'habillement, de la comptabilité, etc. Pour le pain, elle traite avec des fournisseurs qui le livrent avec un rabais de 2 centimes 1/2 par kilogramme ; quant à la viande, elle fait acheter elle-même les bêtes, et les vend en détail dans quatre boucheries ; elle donne à ses associés, pour 50 centimes, le demi-kilogramme de viande de bœuf de la première qualité, que les bouchers vendent 65 centimes. Elle a, en outre, une cuisine très-propre, où elle distribue de la viande cuite et du bouillon.

Enfin, outre l'influence que les particuliers et les associations peuvent avoir sur la vie à bon marché, et, par suite, sur le bien-être et les bonnes habitudes du peuple, le Gouvernement et l'administration exercent aussi une grande action par de bonnes lois et de bons règlements sur la production, le commerce et les marchés de la viande et des autres objets de consommation. C'est dans ces vues que l'Assemblée législative examine en ce moment la question du commerce de la boucherie ; c'est aussi dans l'intérêt de la vie à bon marché que M. Carlier, préfet de police, animé de sentiments sympathiques pour les classes laborieuses, a facilité dans Paris la vente à la criée, et a convoqué et présidé une commission qui, après un débat complet, vif et du plus grand intérêt, a proposé de rendre à la liberté le commerce de la boucherie de Paris, et de prendre des mesures pour approvisionner, dans de bonnes conditions, les marchés de la capitale.

*Les institutions de prévoyance.* J'ai supposé des ouvriers ayant du travail, recevant un salaire plus que suffisant pour couvrir les dépenses de première nécessité, et voulant faire des économies. Pour qu'ils puissent réaliser leurs bonnes intentions, il faut qu'ils trouvent aisément, à leur portée, des institutions de prévoyance. La plus ancienne, la plus généralement répandue aujourd'hui, c'est celle des caisses d'épargne. Quelque développement qu'elles aient pris, elles sont loin d'avoir pénétré dans les masses aussi profondément qu'on doit le désirer ; il n'y en a pas dans beaucoup de petites villes, et les campagnes ne participent à leurs bienfaits que par l'établissement insuffisant des succursales dans les cantons. Les populations rurales n'ont pourtant pas moins besoin que les populations urbaines de pratiquer l'économie et la prévoyance. L'ouvrier agricole, le petit fermier, les petits propriétaires, qui sont eux-mêmes manouvriers, n'ont-ils pas à se prémunir contre les mauvaises récoltes, les maladies, les infirmités, la vieillesse ? » Le salaire des manouvriers agricoles, dit M. de la Farelle, *Du progrès social,* p. 179, en général plus restreint que celui de l'ouvrier citadin, lui rend sans contredit l'épargne plus difficile ; toutefois elle ne lui est pas totalement interdite, surtout lorsque, n'étant pas encore marié, il concourt à l'exploitation d'une ferme avec des gages à l'année : une moitié de ces gages épargnée, déposée et capitalisée depuis l'âge de dix-huit ans jusqu'à son mariage, qui se recule assez habituellement jusqu'à vingt-cinq, vingt-huit ou même trente ans, lui procurerait sans peine le noyau d'une espèce de petite fortune pour ses dernières années, ou une précieuse ressource pour les mauvais jours. »

Ici, comme dans beaucoup de vues philanthropiques, la question sérieuse c'est le moyen d'exécution. M. de la Farelle propose d'ériger les caisses d'épargne, universalisées, en institutions de l'Etat, de faire recevoir les dépôts par les percepteurs, et de confier aux receveurs particuliers les autres fonctions des caisses d'épargne. Mais, prévoyant les objections matérielles et morales que pourrait rencontrer ce système, il propose subsidiairement de faire rentrer la caisse d'épargne dans les attributions municipales ; le secrétaire de la mairie ou un membre du conseil municipal recevrait, chaque dimanche, les dépôts, en présence et avec le concours d'un ou plusieurs autres membres de la municipalité; au besoin on s'aiderait des fabriques et des consistoires; les menus frais seraient supportés par les budgets communaux, ou, à la rigueur, pris sur les intérêts bonifiés par la caisse d'épargne; le receveur de l'arrondissement aurait la manutention des fonds, leur transmission, et les remboursements, sous la surveillance d'une commission. Les remboursements minimes pourraient être faits sur place par les membres du conseil municipal. Ce dernier plan mérite d'être médité. J'ajoute qu'il serait bon d'admettre les plus petits versements, à l'exemple des petites caisses d'épargne existant en Angleterre, où l'on reçoit des dépôts de deux sous, et plus souvent que le dimanche, quelquefois même tous les soirs après l'heure du travail; deux sous enlevés au cabaret, c'est une conquête qui peut en préparer d'autres plus considérables.

Les ouvriers des villes où se trouvent des caisses d'épargne ont toutes facilités pour y porter leurs économies. Mais le produit de leur travail est si souvent mal dépensé que l'idée est venue à quelques économistes d'impo-

ser sur le salaire une retenue forcée pour la caisse d'é-
pargne. Ce moyen violent a été justement réprouvé ;
mais on a conseillé, et certains fabricants admettent l'o-
bligation de mettre à la caisse d'épargne une quotité du
salaire comme une condition des engagements pris avec
les ouvriers. On ne peut pas parler des caisses d'épargne
sans rappeler l'heureux effet des dons de livrets que font,
comme récompense ou comme souvenir de quelque solennité, les villes, les institutions civiles ou religieuses,
les fonctionnaires ou les particuliers ; excellente tendance
qu'on ne saurait trop recommander.

Depuis peu d'années fonctionne à Saverne (Bas-Rhin)
une institution utile et qui porte de bons fruits : c'est une
caisse d'économie où les ouvriers et les citoyens pauvres
portent ce qu'ils peuvent épargner pendant la saison où
la vie est le moins chère, pour reprendre ces dépôts et
les ajouter à leurs ressources pendant l'hiver, où les dépenses sont plus considérables.

Une classe importante des institutions de prévoyance,
ce sont les caisses de secours mutuels. « L'existence des
institutions de prévoyance et de secours mutuels, dit
M. Lefebvre-Duruflé dans son rapport à l'Assemblée législative (*Moniteur* du 28 décembre 1850, page 3739) ne
se révèle que de loin en loin dans les procès-verbaux de
l'enquête. Ces institutions ne sont en vigueur que dans
quelques villes et dans quelques établissements d'élite. »
L'inexactitude involontaire de cette affirmation repose
sur l'insuffisance des réponses faites dans l'enquête. Il
importe de ne pas rattacher aux événements politiques de
1848 une institution déjà ancienne ; il faut laisser aux fabricants et aux ouvriers le mérite des bonnes choses
qu'ils font depuis longtemps. M. Villermé écrivait, il y a
plusieurs années, en parlant des sociétés de secours mutuels : « La ville de Paris en compte un peu plus de deux
cents, et il y en a dans presque toutes les villes manufacturières que j'ai visitées. » Il en existait une à Metz
en 1825 ; elle dure encore et se développe. A Lille, ces
sortes de sociétés sont des traditions qui datent de trois
siècles. La caisse de secours mutuels de Rennes, qui fait

de rapides progrès, date de 1846. L'enquête industrielle de Mulhouse, page 75 et suivantes, atteste que la
plupart des fabriques d'Alsace possèdent, depuis longtemps des associations entre ouvriers, pour les chômages provenant de maladies : elles se sont multipliées
depuis la révolution de Février. Il s'en établit souvent
aussi dans les fabriques de la Normandie. Là, comme
en Alsace, les fabricants eux-mêmes y prennent part
par des versements et en concourant avec leurs ouvriers à l'administration de la caisse ou en fournissant
gratuitement les secours médicaux. Il en est ainsi chez
MM. Scrive, à Marquette; dans leur établissement, la
mise à la caisse de secours est obligatoire, de même que
dans plusieurs fabriques d'Alsace. Depuis 1848, la plupart des manufacturiers de toutes les provinces versent
dans la masse des caisses de secours le produit des amendes prélevées sur les ouvriers pour malfaçons ou contra-
ventions aux règlements, amendes que, autrefois, les fabricants, du moins le plus grand nombre, retenaient
comme indemnité des pertes que leur faisaient éprouver
les ouvrages manqués.

Les progrès des caisses de secours mutuels ont été
entravés en France, ainsi qu'en Angleterre, par deux
circonstances : d'abord les fonds ont été souvent employés à soutenir les grèves et coalitions; d'un autre
côté, au lieu de se borner à pourvoir aux chômages pour
maladie ou accidents graves, aux frais d'inhumation,
on a voulu faire face aux chômages pour défaut de travail, ce qui donnait lieu à de nombreux abus, ou constituer des retraites, ce qui entraînait des dépenses aux-
quelles les cotisations ne pouvaient pas suffire. On a re-
connu la nécessité de séparer les caisses de retraite des
caisses de secours, et l'importance de ces dernières s'est
augmentée depuis que la loi les a élevées, sous certaines
conditions, à la situation d'établissements d'utilité publique.

Les fabricants aident beaucoup les associations de secours mutuels en y prenant part avec leurs ouvriers; leur
exemple peut et doit être suivi par les personnes bien-

faisantes qui veulent venir en aide à ces excellentes institutions pour les ouvriers qui ne travaillent pas en commun dans un atelier ou pour un même fabricant ; des citoyens, étrangers à l'industrie, avec le titre d'associés libres, participent aux associations de secours mutuels pour les sommes qu'ils y versent et les soins personnels qu'ils y prennent, sans participer eux-mêmes aux avantages de la caisse. C'est une œuvre à conseiller aux personnes qui cherchent l'occasion de faire le bien d'une manière intelligente et efficace.

L'institution de prévoyance qui a reçu la dernière sa constitution, c'est la caisse des retraites ; elle présentait des difficultés telles que, dans l'esprit de plusieurs économistes, elles formaient de véritables impossibilités. Pour être vraiment utiles, les caisses de retraite doivent avoir un vaste caractère de généralité ; pour inspirer de la confiance, elles doivent offrir un système complet de garanties ; pour présenter des résultats équitables et certains, elles doivent avoir pour bases d'excellents calculs de mortalité. Le moyen d'accomplir ces conditions a été l'objet de longues et sérieuses méditations sous le gouvernement de 1830, à l'assemblée constituante et à l'Assemblée législative : enfin, la loi du 18 juin 1850 a consacré les caisses de retraite pour la vieillesse comme une institution nationale, placée sous la responsabilité et la direction de l'Etat. Les combinaisons adoptées offrent de grands avantages et sont de nature à provoquer, dans toutes les classes de la société, les deux précieuses qualités de la prévoyance et de l'économie ; mais le bénéfice en est difficilement accessible aux ouvriers qui ne sont plus jeunes, et, pour en mieux apprécier la valeur, il faut commencer de bonne heure les versements et les continuer avec persévérance. Les circonstances de faible salaire, de chômage, de famille nombreuse, de pertes imprévues, pouvant rendre souvent impossible le bon vouloir des travailleurs les plus rangés et les plus prévoyants, c'est un devoir pour les personnes riches de contribuer à l'extension des caisses de retraite. Cette haute obligation sociale a été comprise ; MM. les receveurs généraux de la Seine-Inférieure, du

Nord, du Pas-de-Calais, plusieurs de leurs collègues, des citoyens généreux de Paris et des départements, des municipalités ont donné comme encouragements ou comme récompenses, à des hommes faits ou à des enfants, des livrets de caisses de retraite avec une somme de première mise. Cet exemple sera suivi par les personnes, en grand nombre, il faut le reconnaître à la gloire et pour le bonheur de notre pays, qui cherchent et pratiquent toutes les bonnes manières de faire le bien ; donner ou augmenter des livrets de caisses de retraite, c'est faire une œuvre bien meilleure que l'aumône de l'argent. Les principaux industriels du Haut-Rhin ont fondé récemment une caisse de retraite pour les ouvriers au-dessus de dix-huit ans ; ils y consacrent une somme égale à 3 p. 0/0 du montant de la totalité des salaires de ces ouvriers ; 2 p. 0/0 sont destinés à des primes pour les déposants, et 1 p. 0/0 à la création d'une maison d'asile pour les ouvriers invalides ; cette pensée libérale reçoit, m'assure-t-on, de nombreuses adhésions.

Une des plus intelligentes et des plus généreuses excitations au développement des caisses de retraite est émanée de M. de Grimaldi, pour les usines de Dieuze ; la participation des ouvriers des salines aux bénéfices de l'établissement mettant annuellement une somme à leur disposition, il leur a proposé de la verser à la caisse générale des retraites, et pour les y encourager, la compagnie verse pour eux : 1° quel que soit leur âge, une somme égale à celles qu'ils versent eux-mêmes; 2° en outre, pour les ouvriers de trente à quarante-cinq ans, à titre de prime de besoin, des sommes variées selon l'importance des salaires et des versements de l'ouvrier; 3° outre ces deux premiers versements, une prime d'âge, pour les ouvriers de quarante-cinq ans et au-dessus, ayant dix ans de service, prime annuelle graduée d'après l'âge de l'ouvrier. Les ouvriers qui préfèrent un capital à une pension sont libres de placer leurs économies à la caisse d'épargne, et conservent tous les avantages que la compagnie fait à ses ouvriers, à la condition qu'ils ne retireront pas leurs dépôts avant de sortir de l'usine. Voyez les détails donnés dans l'excellent article de M. Blaise, publié par *le Pays* du 24 octobre 1851.

On a élevé contre les caisses de retraite une objection tirée de la lenteur avec laquelle elles produiraient leur effet; on a dit la même chose des caisses d'épargne, et elles ont aujourd'hui des centaines de millions. Les comptes rendus des opérations des nouvelles caisses de retraite, publiés fréquemment par l'administration, attestent déjà des progrès, et l'institution est née d'hier. Il faut marcher avec résolution et patience dans les voies qui peuvent moraliser le peuple par les habitudes d'ordre et d'économie.

*Défaut d'instruction et d'éducation; enseignement primaire et professionnel; littérature et presse populaires.*

5° L'ouvrier manque trop souvent d'instruction et d'éducation! — Cela est vrai : doit-on travailler à changer cet état de choses, et quels moyens peut-on employer? Je prie qu'on me pardonne la première de ces deux questions; l'idée d'un doute ne se serait pas présentée à mon esprit, et je n'aurais fait à personne l'injure de supposer une hésitation, si on ne m'avait affirmé, en citant des noms que je ne répéterai pas, qu'il existe des hommes d'Etat qui emploient toutes les grâces de leur esprit à persifler les efforts que l'on fait pour donner au moins au peuple la première culture intellectuelle, et qui traitent de niaiserie tous les travaux relatifs à l'instruction primaire. La seule réponse à faire à ces spirituels sceptiques, c'est le défi de porter à la tribune ou de proclamer tout haut les légèretés dont ils amusent les confidences de l'intimité ou la frivolité des salons.

Avant tout, si l'on veut sérieusement l'amélioration morale des classes laborieuses, il ne faut jamais séparer l'éducation de l'instruction. Ecoutez à cet égard l'expérience des manufacturiers de l'Est, et leur opinion est celle des fabricants de tous les grands centres industriels : « Si l'instruction de l'ouvrier, dit l'*Enquête industrielle de*

*Mulhouse*, p. 90 et suiv., surtout celle de la jeune génération, est passable, il n'en est pas de même de l'éducation morale. Toutes les réponses reçues s'accordent à constater ce fait regrettable et à manifester le vœu qu'on s'efforce d'y chercher un remède... Il y a cependant là une nécessité de premier ordre. Le manque de principes moraux est, à coup sûr, le malheur le plus réel des populations ouvrières. C'est par suite de l'absence de ce frein salutaire qu'elles se précipitent quelquefois dans des écarts aussi funestes à leurs intérêts qu'incompatibles avec la dignité humaine. C'est enfin cet état d'abandon, au point de vue moral, où a été laissé le peuple, qui crée à chaque ambition subalterne l'espoir de parvenir à se faire un parti dans ses rangs, en égarant ses idées sans fondements solides, et sa conscience, que ni la morale ni la religion n'ont suffisamment éclairée. Tout donc, l'intérêt de la classe ouvrière, celui de l'Etat, celui de la société entière, fait une loi de réparer la négligence fatale qui a fait jusqu'ici envisager avec trop d'indifférence la moralisation des masses. »

Cette éducation morale si désirable, si sagement réclamée, a sa meilleure source dans l'enseignement religieux, dans les pratiques pieuses, dans les bons conseils et les bons exemples de la famille. Mais, hélas ! l'exemple de la famille est bien souvent mauvais ; pour en combattre les funestes influences, ce n'est pas trop de l'action successive des salles d'asile, dont les fabricants demandent la multiplication, des écoles, du presbytère, puis du patron lui-même quand l'enfant lui arrive comme apprenti et lui reste comme ouvrier. « Dans de grands établissements industriels, disent MM. Bourcart et Schlumberger, à Guebwiller, l'éducation morale est difficile à donner autrement que par une bonne discipline et surveillance, par l'éducation mutuelle et de famille et par les rapports paternels des chefs et sous-chefs avec leurs subordonnés ; enfin par des règlements d'ateliers convenables. Il serait très à désirer, sous le rapport de l'éducation morale, que l'apprenti et le jeune ouvrier fussent sous une tutelle plus immédiate et pussent recevoir une direction plus forme et plus paternelle ; mais je ne vois pas comment y parvenir, surtout hors de l'atelier. » — « L'émancipation prématurée des jeunes ouvriers les conduit à une fâcheuse indépendance qui empiète même sur les droits paternels. Il serait urgent qu'un mode d'apprentissage fût établi par les conseils de prud'hommes, par exemple, qui donnât satisfaction à l'ordre et à la moralité. » (M. Salzmann, à Ribeauvillé.)

Parmi les bons règlements d'atelier que recommandent ces honorables industriels, on peut citer ceux qui prescrivent autant qu'il est possible la séparation des ouvriers des deux sexes ; ceux des chefs d'industrie de Sedan, qui sont parvenus à diminuer de beaucoup le vice de l'ivrognerie en refusant d'admettre aucun ivrogne dans leurs ateliers, en renvoyant, pour ne plus le reprendre, tout homme ivre, et en punissant de la même peine l'absence des ateliers le jour de lundi ; ceux de MM. Scrive, à Marquette, qui refusent de recevoir aucune fille mère, renvoient sur-le-champ toute ouvrière qui se conduit mal, et n'accordent aucun secours aux ouvriers malades par suite d'inconduite.

Quant aux apprentis et aux jeunes ouvriers qui sont, comme on vient de le voir, l'objet de la sollicitude spéciale des fabricants du Haut-Rhin, la loi nouvelle sur l'apprentissage renferme des clauses favorables à leur moralité ; elle contient une disposition bien utile et qui pourra avoir de grands et heureux résultats : c'est celle qui permet l'intervention des tiers dans les contrats d'apprentissage passés entre les parents et les patrons ; par ce moyen, des personnes bienfaisantes peuvent suppléer à la surveillance paternelle, si elle est insuffisante, la remplacer, si elle est nulle, ou, si l'exemple de la famille est dangereux, veiller, et au besoin contraindre à l'accomplissement rigoureux des conventions. Les sociétés de patronage pour les apprentis pourront se servir avantageusement de cet article ; il est à souhaiter que ces associations, dont l'action immédiate s'exerce difficilement dans les grandes villes sur la conduite quotidienne des apprentis, se multiplient partout. La société de Saint-Vincent-

de-Paule s'occupe des apprentis dans les villes industrielles, et elle a, à Paris, plusieurs établissements appelés écoles ou maisons d'apprentissage. Il y a deux ans, il
s'est formé à Lille une association dont M. Audigane rend
compte en ces termes dans la *Revue des Deux Mondes* du
1er septembre 1851 :

« *L'œuvre des apprentis* prend les fils des ouvriers au
moment où ils sortent de l'école ; elle les place en apprentissage et s'applique à les préparer à la vie réelle
dans laquelle ils vont bientôt avoir un rang à tenir. Dans
ses réunions du soir, des instructions religieuses, aux-
quelles on a heureusement mêlé le chant des cantiques,
tendent à soutenir et à développer le sens moral. Inau-
gurée au mois de novembre 1849, cette institution a été
parfaitement accueillie par les classes laborieuses. De
cent trente, le nombre des jeunes ouvriers patronés s'est
bientôt élevé à deux cents, et le local primitif est devenu
trop étroit. En s'appliquant à un âge où les impressions
reçues se gravent si profondément dans le cœur, une tutelle bienveillante et éclairée peut obtenir des résultats
qu'il serait presque impossible d'espérer plus tard. Il n'y
a pas plus de bons citoyens sans une éducation morale
que de citoyens utiles sans une instruction spéciale. Réunir à l'apprentissage d'un métier un enseignement propre à élever l'âme, c'est agir à la fois selon l'intérêt de
chaque individu et selon l'intérêt de la société tout entière. »

Puissent ces observations si justes, si bien exprimées,
déterminer dans toute la France industrielle les personnes intelligentes et charitables à suivre l'exemple donné
par la ville de Lille !

J'arrive à l'instruction proprement dite, et aux moyens
de la propager, soit dans les écoles, soit hors des
écoles.

L'enseignement dans les écoles est général ou spécial.
Quand on parle de l'enseignement général nécessaire à
tous les citoyens des classes laborieuses, il ne peut être
question ni de l'instruction secondaire ni de l'instruction
supérieure, mais seulement de l'instruction élémentaire.

Depuis 1830, surtout depuis la loi de 1833, il a été fait beaucoup pour l'enseignement primaire. Les manufacturiers ont suivi l'impulsion donnée par le Gouvernement, et ils n'ont pas reculé devant les sacrifices pour procurer à leurs ouvriers, et aux enfants de leurs ouvriers, la première instruction. La compagnie des mines d'Anzin donne gratuitement l'éducation primaire aux enfants mâles de ses charbonniers, de sept ans jusqu'à quatorze; elle a établi des écoles spéciales à Vieux-Condé, Fresnes, Anzin et Saint-Vaast; elle envoie les enfants dans les écoles communales et paye la rétribution de l'instituteur; elle rétribue ainsi quinze instituteurs; les frais de cet enseignement se sont élevés, en 1847, à 10,238 fr. pour 1,222 élèves. MM. Scrive, à Marquette (Nord), ont organisé une école dans l'établissement même; les jeunes ouvriers vont y passer une heure par jour. Dans le centre de la France, je citerai la fabrique de porcelaine de Champroux, dans l'Allier, où M. Honoré entretient une école, et paye un instituteur pour l'instruction de ses ouvriers et de leurs enfants. Nulle part, peut-être, on n'a fait, pour l'enseignement primaire des classes ouvrières, plus que les fabricants de l'est. En général, les apprentis qu'ils reçoivent savent lire et écrire; néanmoins, dans beaucoup d'établissements, des écoles ont été instituées pour continuer le bienfait de l'instruction à ceux qui ont déjà fréquenté les écoles primaires, et en donner les premiers éléments à ceux qui ne les ont pas encore reçus. (Voyez *Enquête industrielle*, p. 87 et suivantes.) Je cite quelques établissements, ne pouvant les citer tous : à Wesserling, chez MM. Gros, Odier, Roman et compagnie, il y a quatre écoles : une école primaire, une du deuxième degré, une école du soir pour les adultes, et une école de dessin. M. André Kœchlin, à Mulhouse, a établi une école pour tous ses apprentis; il a pris à sa charge le local, le maître, le temps des élèves, qui apprennent la lecture, l'écriture, le calcul et le dessin des machines. A la cristallerie de M. Godard, à Baccarat, il existe une excellente école de garçons. Tous les fils des ouvriers y sont admis gratuitement à partir de l'âge de six ans, et il est sévèrement exigé que les parents y envoient leurs enfants avec exactitude. Des classes spéciales sont faites aux heures convenables pour les enfants qui fréquentent les ateliers. Ces enfants sont tenus d'aller à l'école jusqu'à seize ans si leur instruction primaire n'est pas complète avant cet âge; toutes les filles des ouvriers sont admises à l'école des filles de Baccarat, aux frais de la cristallerie. MM. Seillères, à Senonne, ont établi à leurs frais deux écoles spéciales gratuites, tenues par des sœurs de la doctrine chrétienne. M. Herzog, au Logelbach, entretient à ses frais un instituteur, qui donne l'instruction primaire aux enfants et même aux adultes, par sections, pendant la journée.

MM. Schwartz, Trapp et compagnie, de Mulhouse, qui viennent de fonder et de doter de 10,000 fr. une caisse de secours pour leurs ouvriers, ont une école gratuite, largement fournie de livres. MM. Schlumberger et Bourcart, à Guebwiller, ont donné un soin particulier à l'instruction des enfans. Les enfants de moins de douze ans, qui travaillent dans la fabrique, vont à l'école chaque jour, d'une heure à deux, et terminent leur journée, à sept heures, par une nouvelle leçon d'une heure. Les enfants de douze à seize ans passent à l'école deux heures par jour, trois fois par semaine. Les écoles sont dirigées par un maître, un aide et une institutrice; aux enfants de douze à seize ans on enseigne la lecture et l'écriture française et allemande, la syntaxe de ces deux langues, les quatre règles d'arithmétique, les fractions et les proportions. Il y a des manufacturiers qui, pour encourager l'instruction, donnent de l'avancement à ceux qui ont eu des prix à l'école; d'autres n'admettent les enfants que sous la condition expresse qu'ils fréquenteront l'école. La *Compagnie des salines de l'Est*, dont j'ai déjà rappelé que M. de Grimaldi est l'habile administrateur général, entretient les enfants de ses usines de Dieuze dans les écoles communales, et a créé des cours pour les adultes.

En donnant ces exemples, j'ai voulu montrer la voie aux industriels qui n'y seraient pas encore entrés, et stimuler leur zèle par le tableau du bien qu'ils peuvent faire.

Le champ n'est pas moins vaste au dehors des établissements industriels, et c'est, pour toutes les personnes de loisir, un devoir de travailler à répandre l'instruction ; la loi en donne les moyens ; elle confie à des citoyens, délégués dans chaque canton par le conseil académique, la surveillance gratuite des écoles publiques ou libres, et ce sont des fonctions qu'il faut plutôt solliciter que recevoir, et qu'on doit remplir avec zèle et assiduité. D'un autre côté, l'enseignement étant libre, les personnes riches peuvent fonder des écoles là où elles manquent, ou en augmenter le nombre si elles sont insuffisantes. L'attention des gens riches qui habitent la campagne devrait surtout se porter sur l'éducation des filles. On ne pense pas assez à l'immense influence qu'elle peut avoir sur l'avenir ; des jeunes filles qui ont pris à l'ouvroir le goût et l'habitude du travail, de l'ordre, de la propreté, à l'école et au catéchisme la première instruction, les principes de morale et de religion, le goût de la lecture, deviendront des mères de famille qui serviront d'institutrices à leurs enfants ; elles n'auront pas besoin de l'école pour les premiers éléments : plus tard, elles pourront faire répéter les leçons, surveiller l'enseignement ; grâce à elles, un livre sera une nécessité dans le ménage, et une petite bibliothèque deviendra un besoin pour la famille. La femme de campagne sera peut-être le meilleur instituteur des générations à venir. Que ceux qui comprennent cette mission concourent à son accomplissement.

Ce n'est pas seulement en fondant ou entretenant des écoles qu'on peut aider à la propagation de l'instruction populaire ; il y a des fermes isolées, des hameaux éloignés, d'où les enfants ne peuvent se rendre à l'école, où des garçons de ferme, des manœuvriers vivent dans leur ignorance native ; il faut y faire pénétrer la lumière : on a essayé avec succès, dans les localités de cette nature, un système de leçons momentanées, distribuées par des instituteurs envoyés en tournée ; ce sont ces missionnaires de l'enseignement que l'initiative des municipalités ou des particuliers peut multiplier, faire séjourner plus longtemps, ou rayonner plus souvent. Il suffit d'indiquer cette idée.

Le point de départ de l'instruction et de l'éducation populaire, c'est la salle d'asile. Il n'en existe pas dans toutes les villes, et je ne sais si beaucoup de villages en ont une. M. de La Farelle, *du Progrès social*, p. 139, émet le vœu que la salle d'asile devienne le plus tôt possible l'appendice obligé de toute école primaire ; il reconnaît les difficultés que présente la dépense d'un local, d'un matériel, d'une direction ; il pense qu'on pourrait confier l'asile aux institutrices primaires, aux sœurs de la doctrine chrétienne ; que l'on obtiendrait le concours du clergé et des municipalités ; que si les ressources dont on pourrait disposer d'abord ne suffisaient pas pour établir une salle d'asile complète, il faudrait toujours fonder quelque chose d'approchant : « Plus tard, dit-il, le développement et le perfectionnement arriveront d'eux-mêmes, car l'essai ne saurait manquer de provoquer les secours publics et privés. Ainsi donc, je ne vois pas pourquoi la femme, la mère ou la sœur de l'instituteur primaire ne deviendrait pas, dans chaque petite localité, moyennant une faible allocation supplémentaire, la directrice d'une salle d'asile en miniature, et ne serait pas chargée de la garde, de la surveillance des jeunes enfants du bourg ou du village, réunis ainsi sous son aile, dans un local aussi modeste que l'on voudra. L'instituteur lui-même conserverait la direction scolastique de l'établissement et consacrerait quelques heures de la journée aux soins intellectuels de cette succursale de son école primaire. Des promenades réglées, sous la conduite de la directrice, remplaceraient les récréations intérieures de la salle d'asile complète. Des chants pieux, de courtes et simples prières, la connaissance des lettres, sont choses que cette directrice serait toujours à même d'enseigner..... De pareils résultats ne seraient ni bien difficiles, ni bien coûteux à obtenir. Pour profiter de la salle d'asile, toutes les familles jouissant de quelque aisance seraient astreintes à un léger tribut ; les familles vraiment pauvres en demeureraient seules dispensées, et la charité des classes supérieures devrait concourir avec les ressources municipales et départementales pour y suppléer. »

Voilà un plan digne de fixer les méditations et d'exciter le zèle des familles charitables, surtout des dames qui ont pris et peuvent prendre encore une large part aux destinées des salles d'asile. Pour prouver combien il reste à faire, il suffit de citer ce qui a lieu dans un des départements où toutes les parties de l'instruction publique ont reçu le plus de développement et trouvé le plus de concours sympathique. Dans un rapport présenté au conseil général lors de sa dernière session, le conseil académique du Bas-Rhin constate que les salles d'asile ne sont pas encore, dans ce département, aussi nombreuses qu'on doit le désirer ; que, malgré l'exemple donné par les villes principales, il y a encore des communes riches qui reculent devant une faible dépense, tandis que quelques villages se sont empressés de fonder des salles d'asile. Le Bas-Rhin avait, au commencement de cette année, quatre-vingt-cinq salles d'asile proprement dites, fréquentées par environ 9,700 enfants. Le conseil général avait exprimé, en 1850, le vœu que l'établissement des salles d'asile fût déclaré obligatoire dans les limites des ressources des communes ; le conseil académique s'associe à ce vœu, et, en attendant, promet toute son influence pour multiplier ces utiles établissements dans l'intérêt de la première éducation morale et intellectuelle, si importante et si décisive pour la vie entière. Combien de départements sont loin d'être aussi avancés que le Bas-Rhin !

L'instruction générale élémentaire, telle qu'on la donne dans les divers degrés des écoles primaires, ne pourvoit pas à tous les besoins; elle n'est pas une préparation suffisante aux différentes professions qui attendent la plupart des enfants des classes laborieuses. L'art. 13 de la constitution de 1848 place *l'éducation professionnelle* au nombre des moyens que la société emploie pour favoriser et encourager le développement du travail. En jetant ainsi, parmi les dispositions fondamentales, le germe d'une institution, le législateur aurait-il voulu seulement, à l'aide d'une formule générale, donner une vague satisfaction à des idées que le mouvement des esprits semblait rendre plus exigeantes, ou bien entendait-il poser la base d'un établissement sérieusement réalisable ? Si je me permets cette question, c'est qu'on a entendu dire, depuis : l'enseignement professionnel est une chimère; c'est dans l'apprentissage que l'ouvrier se forme ; l'atelier, voilà son école. Ces critiques ont pris de la gravité en se faisant jour dans les délibérations de l'Assemblée législative ; elles ont paru, jusqu'à un certain point, s'appuyer sur le rapport de M. Lefebvre-Duruflé, relatif aux résultats de l'enquête industrielle et agricole ; on lit, en effet, dans ce document : « *Vingt-deuxième question*. S'occupe-t-on de l'éducation professionnelle? quels seraient, au besoin, les moyens de la développer? Presque partout l'agriculture s'est regardée comme désintéressée dans la question, et le plus grand nombre des cantons où elle domine n'y ont pas répondu : quelques-uns ont demandé des écoles de canton ou d'arrondissement, d'autres des fermes-écoles. Les cantons industriels sont plus exigeants dans leurs vœux, et cette exigence n'est pas toujours en rapport avec leur importance. Certes, des leçons de théorie ont leur degré d'utilité; elles peuvent développer surtout certains esprits exceptionnels, mais elles ne font pas la masse des bons ouvriers. Un apprentissage réglementé dans l'intérêt professionnel aurait des conséquences bien plus efficaces. L'enseignement élémentaire, avec une tendance agricole dans les pays de culture, avec une tendance industrielle dans les pays de fabrique, suffirait presque partout pour la théorie. » (*Moniteur* du 28 décembre 1850, p. 3739.)

Il résulte de là que l'enseignement professionnel a été demandé par quelques cantons agricoles, et par beaucoup de cantons industriels; qu'aux yeux de la commission dont M. Lefebvre-Duruflé était rapporteur, les leçons de théorie ne sont bonnes que par exception ; que l'apprentissage bien réglé vaut mieux, et que l'enseignement élémentaire suffit. J'essayerai de prouver que les vœux exprimés avaient raison ; auparavant, qu'il me soit permis de dire que l'enseignement qu'on réclame n'est pas de la théorie, bonne seulement pour quelques-uns, mais une instruction pratique utile à tous, et qu'enfin il serait difficile d'attacher une idée précise à ces mots d'enseignement primaire avec une tendance ici agricole, là industrielle ; cela ne peut vouloir dire autre chose, sinon que les exemples pour les leçons de lecture, d'écriture et de calcul, seraient plus particulièrement empruntés ici à l'agriculture, là à l'industrie, ce qui suppose ou des livres faits exprès, ou des instituteurs capables de diriger ainsi l'enseignement ; en tout cas, on peut douter que ce fût suffisant pour la théorie.

Ce n'est pas ainsi qu'il faut poser la question. L'organisation de l'éducation professionnelle, qui existe dans plusieurs pays étrangers, était demandée en France longtemps avant que la constitution l'eût promise. On va voir que ce désir est conforme aux méditations de la science, à l'expérience industrielle, à l'étude administrative. « Les écoles industrielles et agricoles, écrivait, en 1846, M. Fix, sont à peu près inconnues chez nous. Les enfants des classes inférieures, après avoir reçu dans les écoles primaires une instruction très-insuffisante, ne possèdent aucune des notions utiles dans le choix d'une profession technique. Ils sont alors forcés de se livrer à des travaux tout à fait simples, ou de faire un long apprentissage pendant lequel ils sont pour la plupart employés comme manœuvres plutôt que comme apprentis, et à l'expiration des délais stipulés par le contrat d'apprentissage, ils ne sont pas toujours en état de pourvoir à leurs besoins. Il s'agit pour l'ouvrier d'aborder surtout le travail dans les meilleures conditions possibles, qu'il se place dans l'agriculture, dans la manufacture ou dans l'industrie parcellaire. Or, on n'arrive à ces conditions que par une instruction préparatoire que l'autorité doit faire donner aux classes inférieures. Il y a certaines connaissances qui sont utiles dans toutes les professions, et qui donnent encore aux ouvriers le vrai sentiment de leur valeur : ce sont les notions élémentaires des sciences enseignées d'un point de vue pratique. Il ne s'agit pas de transformer des enfants, dont la destination future est une profession manuelle, en savants ou en lettrés ; il faut seulement réveiller leurs facultés, les conduire dans le domaine de la pensée et leur fournir des connaissances utiles dans toutes les professions. »

Déjà M. Michel Chevalier, dans le discours d'ouverture de son cours d'économie politique, au collége de France (1845-1846), avait insisté sur la nécessité de fonder l'enseignement professionnel. « On est, disait-il, dans la ligne du bon sens lorsqu'on demande que les jeunes générations soient préparées, par l'enseignement qu'elles reçoivent, à l'existence qu'elles doivent mener. Partout et toujours on a réglé l'éducation de la jeunesse sur la donnée principale de l'organisation sociale ; or, aujourd'hui cette donnée, c'est l'industrie agricole, manufacturière et commerciale. On est dans la ligne de la justice, et l'on se montre animé de l'esprit de civilisation moderne en réclamant que cette initiation s'étende, dans une mesure proportionnelle, à tous ceux qui ont droit de cité. »

« Les efforts de tous les amis sincères du peuple, dit M. de La Farelle, qui écrivait son ouvrage du *Progrès social* en 1847, doivent tendre, ce me semble, à donner pour faîte et pour couronnement à l'institut primaire une sorte d'enseignement spécial et professionnel correspondant à celui qui termine et complète l'éducation classique des rangs supérieurs, et que ceux-ci reçoivent dans les écoles de droit, de médecine, des mines, des ponts et chaussées, dans les instituts commerciaux, etc., selon la profession particulière à laquelle se destinent les élèves. L'enseignement spécial populaire auquel je fais allusion existe sans doute déjà en germe et en principe dans les trois ou quatre instituts agricoles, dans les trois écoles des arts et métiers et dans une ou deux écoles secondaires des mines que nous possédons. Mais ce n'est là véritablement qu'un germe à féconder et à développer en tous sens, c'est-à-dire dans le sens des matières d'enseignement qu'il embrasse, et dans celui du nombre et de l'importance des établissements où cet enseignement est donné. Sous le premier rapport, l'éducation primaire spéciale devrait comprendre en général les premiers éléments de tous les arts, de toutes les industries, de toutes les professions, auxquels les élèves de la classe inférieure sont appelés à se livrer dans le cours ordinaire des choses ; elle devrait être organisée à deux différents degrés, dont l'un ferait en quelque sorte partie de l'instruction primaire proprement dite, et serait ainsi qu'elle, offert, à l'universalité des masses, tandis que le second, formant en réalité un mode d'éducation populaire supérieure, serait réservé à ce qu'il y aurait de plus intelligent et de plus appliqué parmi la population des écoles primaires. » M. de La Farelle entre ensuite dans les détails du plan propre, suivant lui, à réaliser ce projet.

L'expérience industrielle est ici, je l'ai annoncé, d'accord avec les indications de la science. L'enquête de Mulhouse constate que dans plusieurs localités on avait institué des écoles de dessin linéaire gratuites, qu'à Guebwiller, les jeunes ouvriers mécaniciens « qui veulent perfectionner leurs connaissances théoriques trouvent, attaché à l'établissement, le maître qui leur enseigne gratuitement, en outre de l'enseignement élémentaire ordinaire, le calcul, la géométrie, le dessin linéaire et le levé des plans ; chaque élève peut y consacrer une heure et quelquefois deux heures par jour ; aux jeunes filles on apprend, outre l'instruction ordinaire, les travaux à l'aiguille : un instituteur et une institutrice sont attachés à l'établissement à cet effet. » Puis l'enquête ajoute : « Toutefois ces exemples sont encore rares, et il est à désirer que des écoles d'instruction professionnelle, où les ouvriers recevraient les notions théoriques des arts ou travaux qu'ils sont appelés à exercer, soient formées par l'État dans les centres industriels. Ces notions ne pourront manquer d'inspirer aux travailleurs le goût d'une bonne exécution et des perfectionnements ; elles leur enseigneront aussi des méthodes de travail qui ressortiront tout à l'avantage des produits, tant sous le rapport de leur qualité que sous celui du bon marché. »

Enfin, un homme que sa position administrative place de manière à ce qu'il puisse voir beaucoup, et à qui son esprit élevé, cultivé, et d'une profonde sagacité, permet de voir haut, droit et juste, M. Audigane, a émis, sur l'*enseignement industriel*, des idées précieuses, appuyées sur des faits nombreux et bien observés, dans un fort remarquable travail publié par *la Revue des Deux-Mondes* du 1ᵉʳ juin 1851. « L'éducation professionnelle, dit-il, s'élève à la hauteur d'une mesure de salut social. Etendre cet enseignement aux classes ouvrières, c'est une mission que notre époque doit savoir accepter résolûment. L'instruction primaire toute seule ne suffit plus aux populations laborieuses. Ce n'est point assez de donner à un enfant un certain développement intellectuel ou même de semer dans son cœur les germes de quelques vérités morales et religieuses ; il reste encore à le préparer pour la place qu'il est appelé à remplir dans l'immense arène ouverte au travail. Quand l'homme apprend de bonne heure à envisager sa profession d'un peu haut, il est mieux disposé à s'y tenir ; il conçoit mieux aussi que tous les métiers ont une utilité qui les relève et donne naissance à de légitimes avantages. »

Malgré l'urgence du développement réclamé par l'éducation professionnelle, M. Audigane rappelle que « nous n'avons que d'insuffisantes ébauches, qui deviennent de plus en plus incomplètes à mesure qu'on se rapproche des masses. » Il examine ce qui a été fait à l'étranger ; puis il jette un coup d'œil sur ce qui existe en France, et il indique un plan d'organisation générale. Je ne le suivrai que dans ce qui concerne notre pays.

Mais, auparavant, je dois reconnaître qu'en ce qui touche l'agriculture, l'instruction professionnelle a été généreusement pourvue par la loi du 3 octobre 1848. Pour la première fois parmi nous, l'enseignement agricole est généralisé et organisé régulièrement par l'Etat ; il se divise en trois degrés qui répondent à l'instruction primaire, secondaire et supérieure ; il comprend, au premier degré, les fermes-écoles où l'on reçoit une instruction élémentaire pratique et gratuite ; au deuxième degré, les écoles régionales où l'instruction est à la fois théorique et pratique ; au troisième degré, un institut national agronomique, qui est l'école normale supérieure d'agriculture. Cette organisation, comme les meilleures choses de ce monde, a été critiquée, même par des hommes capables et expérimentés ; mais elle a rencontré une approbation à peu près générale. Le temps fera connaître les modifications dont elle sera susceptible dans les détails d'application, et mettra un terme aux impatiences étranges qui se plaignent de ce qu'une institution à peine installée n'ait pas encore produit de grands résultats. L'enseignement agricole aura l'immense avantage de rompre, peu à peu, la routine, cette ennemie de l'agriculture, dont se plaignent si haut les cultivateurs éclairés et les grands propriétaires. Les vrais amis du peuple, auxquels s'adressent mes observations, peuvent et doivent hâter l'éclosion des fruits de la loi sur l'enseignement agricole, en facilitant l'établissement de nouvelles fermes-écoles, en disposant les paysans à y envoyer leurs enfants, en payant les pensions, dans les écoles régionales, des jeunes gens qui n'y auraient pas obtenu de bourses. Suivre de près et favoriser les progrès de l'instruction des cultivateurs, c'est assurément faire un utile emploi de son loisir et de sa fortune.

L'enseignement qu'on appelle professionnel n'est pas aussi régulièrement réparti. Les professions libérales, les beaux-arts, sont largement pourvus : ce n'est pas de cette espèce de professions qu'il s'agit ici, mais bien des professions industrielles et commerciales, de l'exercice des industries ou métiers de toute nature. Il faut mentionner comme une institution excellente, mais exceptionnelle, le Conservatoire des arts et métiers de Paris. Viennent ensuite, comme destinées à l'enseignement pratique, les trois écoles d'arts et métiers de Châlons, d'Angers et d'Aix : elles sont entretenues par l'Etat, et, malgré les bons résultats qu'elles produisent, elles ont été attaquées, ou au moins l'une d'elles, dans une discussion parlementaire. Paris possède aussi, mais pour les employés, ingénieurs et chefs d'industrie, une bonne école intitulée école centrale des arts et manufactures : elle est subventionnée par l'Etat.

En dehors de ces institutions spéciales, on ne trouve point d'établissements qui indiquent un système régulier, un ensemble combiné d'enseignement pratique. L'instruction donnée dans des écoles primaires supérieures, presque toutes aujourd'hui annexées aux lycées ou colléges, constitue moins l'enseignement usuel de notions appliquées à un état industriel qu'une instruction élémentaire plus développée. Si l'on veut savoir où en est, en France, l'enseignement dit professionnel, il faut consulter la statistique qu'en donne M. Audigane dans l'article de la *Revue des deux mondes* que j'ai cité; elle atteste de louables efforts et de bonnes tendances, mais, en même temps, l'absence des vues d'ensemble et souvent l'insuffisance des ressources. En examinant les caractères dominants de ces institutions pratiques, réparties inégalement selon le degré de culture, les habitudes d'esprit, le concours des chefs d'industrie ou des administrations municipales ou départementales, on trouve que ces écoles sont ou des cours qui se rapprochent de l'enseignement général des sciences, ou des enseignements tout à fait spéciaux, qui répondent à des industries entièrement locales ; à cette dernière classe, éminemment utile, se rapportent l'école de Dieppe pour la dentelle ; celles qui existent à Lyon pour le tissage, le dessin des étoffes, et tout ce qui concerne cette industrie ; celle des mines, à Saint-Etienne ; les écoles de Nîmes, où l'on enseigne pratiquement le dessin de fabrique, la teinture et le tissage; les leçons de modelage et de stéréotomie, à Limoges.

Parmi les institutions qui ont pour but de donner aux ouvriers un enseignement à la fois théorique et pratique, tel qu'on doit désirer le voir se généraliser partout, j'en citerai particulièrement trois, parce que je les connais mieux et parce que ce sont des œuvres de l'initiative individuelle, c'est-à-dire qu'elles viennent de la source la plus féconde, de la source qui jaillira toujours sous l'impulsion active de la religion, de la philanthropie et du patriotisme. A la mention de ces trois établissements j'aurais voulu joindre celle de l'école industrielle de Strasbourg ; mais à la suite de circonstances que je n'ai point à apprécier, elle vient d'être abandonnée par l'autorité municipale qui l'avait fondée.

*La société industrielle* de Nantes date de 1830 ; elle est due à de généreux citoyens, fortement appuyés par l'autorité municipale alors dirigée par un homme dont l'administration a laissé les plus beaux souvenirs, et à qui Nantes doit le magnifique hôpital Sainte-Anne, M. Ferdinand Favre, aujourd'hui représentant de la Loire-Inférieure. « Ses efforts, dit M. Audiganne, sont appréciés de toute la France. On compte par centaines les ouvriers dont elle a guidé les premiers pas dans la rude carrière du travail. Donner à ses élèves une instruction soigneusement accommodée à leur état, pourvoir à l'apprentissage des enfants dans les diverses professions manuelles, telle est la double action de cette société. » L'école des apprentis n'est pas la seule œuvre de la société industrielle de Nantes, mais elle en constitue l'œuvre caractéristique et principale ; la pensée en a été rappelée en ces termes dans un compte rendu présenté en 1849 par M. Lequerré, un de ses secrétaires : « Quelques citoyens d'élite, dont la ville de Nantes s'honorera toujours, ont fait un appel aux sympathies des âmes généreuses en faveur des enfants du peuple qui avaient de l'intelligence, mais qui ne pouvaient arriver à se créer une position sociale convenable, parce que leurs parents n'avaient pas les moyens de les laisser fréquenter les écoles pendant un temps suffisant pour développer leurs facultés, et pour les nourrir pendant le temps d'apprentissage de professions lucratives, mais qui exigent quelques connaissances théoriques que ne donnent pas ordinairement les écoles primaires, dans lesquelles, d'ailleurs, les enfants des ouvriers ne restent pas assez longtemps. La plupart de ceux qui les fréquentent apprennent à lire et à écrire d'une manière assez incorrecte; ils apprennent aussi à faire quelques-unes des règles de l'arithmétique ; mais, pour former des ouvriers habiles, ces connaissances sont insuffisantes, aujourd'hui surtout que les progrès de l'industrie exigent, dans la plupart des professions, des ouvriers habiles et instruits, parce que l'homme n'est plus une machine ; c'est une intelligence qui fait obéir les machines et les assujettit à ses lois. »

Ces idées si nobles et si justes ont été heureusement réalisées avec le concours du conseil municipal, du conseil général, des ministres du commerce et de l'intérieur, et des souscriptions particulières. Le but est de former des ouvriers probes, moraux et intelligents. Pour cela, la société entretient, chaque année, cent enfants choisis de préférence parmi les plus pauvres; ils ne sont admis à l'école des apprentis qu'après un concours : ceux qui n'ont pas réussi, faute de connaissances suffisantes, sont reçus à un cours spécial préparatoire, afin de se préparer pour l'examen suivant. Les élèves admis sont placés en apprentissage par la société, dont le président intervient dans le contrat entre le maître et l'apprenti. La société veille à l'accomplissement des obligations de l'apprenti; de son côté, le patron s'engage à lui laisser le temps nécessaire pour suivre les cours. Au moyen de cette heureuse combinaison, l'apprenti commence sa journée par l'étude dans les cours et la continue par la pratique de son état dans l'atelier. La société accorde aux élèves, suivant la position de leurs parents, des secours en pain, cumulés ou non avec une gratification de 3 fr. par mois, dont une moitié doit toujours être placée à la caisse d'épargne. Ces secours en argent et en pain tendent à enlever aux parents tout prétexte pour retirer leurs enfants de l'école avant le complet achèvement de leur éducation professionnelle. Cette précaution est malheureusement trop souvent insuffisante. Les cours durent trois années. Pendant les deux premières années, les élèves étudient l'arithmétique; pendant la troisième, ils voient la géométrie; ceux de la deuxième et de la troisième année suivent un cours de langue française; le dessin linéaire leur est enseigné pendant toute la durée du cours. On y joint le dessin de l'ornementation quand la profession l'exige. La société exerce une surveillance sévère sur la discipline et la conduite morale; elle intervient auprès des maîtres dans l'intérêt des apprentis, et, par ses délégués, visite les ateliers; elle examine les ouvrages exécutés par les apprentis et leur décerne publiquement des récompenses consistant en médailles d'argent ou de bronze. Elle ne cesse pas ses relations avec les élèves à la fin de l'apprentissage; elle les suit dans leur carrière; elle délivre, avec solennité et à la suite d'un rapport lu publiquement, des diplomes d'apprentis de la société industrielle à ceux de ses élèves qui, trois ans après leur sortie de l'école, prouvent qu'ils se sont toujours bien conduits et qu'ils ont à la caisse d'épargne un dépôt de 30 fr. au moins. Ces diplomes sont fort recherchés; il en est délivré plusieurs chaque année, et les rapports sur les décisions qui les accordent font connaître les traits les plus touchants, les conduites les plus honorables.

Tel est l'aperçu général de cette excellente école d'apprentis; elle jouit d'une si bonne réputation, elle produit de si heureux résultats, que plusieurs villes importantes de la République et même de l'étranger lui ont demandé ses règlements. Puisse le zèle des Nantais soutenir et consolider l'utile institution qui leur fait tant d'honneur!

C'est aussi à des citoyens éclairés et dévoués, à la tête desquels se trouvait M. Paulin Gillon, aujourd'hui représentant de la Meuse, que la ville de Bar-le-Duc doit l'établissement de ses cours industriels. En 1829 fut conçue cette pensée de procurer aux artistes et ouvriers les moyens d'augmenter leur instruction par des cours gratuits de sciences industrielles. Une souscription fut organisée dans ce but, et, à la fin de 1830, deux professeurs enseignèrent, dans un bâtiment dépendant du collège, l'arithmétique à l'usage du commerce, la géométrie appliquée aux arts, le lever des plans et le dessin linéaire. Peu à peu le nombre des élèves augmenta : on obtint des résultats satisfaisants. En 1833, on ouvrit un cours sur la mécanique industrielle, sur les principes de la construction des machines. Depuis cinq ans, on y a ajouté des leçons d'écriture et de langue française. Les élèves sont devenus de plus en plus nombreux : plusieurs fois on en a compté plus de deux cents, tous âgés de plus de quatorze ans, et profitant à la fois des leçons. Tous les cours, excepté celui de dessin, ont lieu le soir, afin d'en faciliter la fréquentation aux ouvriers. Les succès obtenus ont excité l'empressement, et, sans parler de l'amélioration morale et intellectuelle qui s'est fait remarquer, on peut citer un grand nombre de jeunes gens qui doivent la position honorable qu'ils occupent à leur exactitude à suivre les cours industriels. La municipalité accorde, chaque année, outre le local convenablement approprié, une subvention de 2,500 fr. Les cours sont ouverts pendant dix mois de l'année, et les ouvriers n'ont jamais cessé d'y être assidus, même pendant la fermentation politique de 1848.

A Paris, l'établissement le plus remarquable consacré à l'éducation professionnelle est l'œuvre de Saint-Nicolas. Le vénérable fondateur de cette institution, M⁶ʳ Bervanger, déclare, dans une note imprimée, qu'il a voulu satisfaire à « un des besoins le plus vivement sentis de notre époque, l'enseignement professionnel, accompagné de l'instruction élémentaire et du développement sainement dirigé des facultés morales. » Des plus humbles commencements, le zèle et la persévérance de ce missionnaire de l'éducation sont arrivés à ce point que l'institution possède maintenant deux maisons considérables : l'une à Paris, rue de Vaugirard, l'autre à Issy, et peut recevoir, sans encombrement, 1,000 enfants internes. Le prix des pensions est extrêmement modéré, et cependant, par d'ingénieuses combinaisons, il suffit pour fournir tout ce qui est nécessaire à l'instruction religieuse, élémentaire, professionnelle, à la bonne nourriture, aux soins de la santé et aux récréations variées des élèves ; en un mot, à tout ce qu'il faut pour préparer de bons chrétiens et de bons ouvriers. Les études comprennent l'instruction religieuse et morale, la lecture, l'écriture, l'orthographe, les éléments de la grammaire et de la langue française, la géographie élémentaire et les faits principaux de l'histoire sainte et de l'histoire de France ; le calcul, la tenue des livres, les notions de géométrie pratique, l'arpentage et le toisé ; le dessin linéaire, la musique vocale et instrumentale, les notions de physique, de chimie, de mécanique et d'histoire naturelle applicables aux usages de la vie. Les élèves qui font partie des ateliers existant dans l'établissement suivent une classe de deux heures par jour, et profitent, pour leur instruction, des interruptions qui peuvent survenir dans les travaux. A Issy, les enfants sont exercés à l'horticulture. Les familles ouvrières de Paris ont obtenu de l'œuvre de Saint-Nicolas de si bons résultats, qu'on doit espérer que les pouvoirs publics et la bienfaisance individuelle concourront à garantir l'avenir de cette belle création.

L'urgente nécessité d'établissements analogues à ceux que je viens de citer étant démontrée, et elle ne saurait plus être raisonnablement contestée, n'est-il pas du devoir des bons citoyens d'aider à conserver ceux qui existent, et à en fonder là où il n'y en a pas encore? Les lacunes, sous ce rapport, sont immenses; je laisse parler M. Audiganne : « Si nous cherchions à embrasser d'un regard toute l'étendue du pays, à quelles étroites proportions l'instruction professionnelle vraiment pratique ne nous paraîtrait-elle pas réduite! Sur les 250 à 300,000 ouvriers qui atteignent chaque année l'âge d'homme, combien y en a-t-il qui aient pu puiser dans cet enseignement, avec le sentiment de leur rôle social, de sérieuses connaissances pour l'exercice de leur état ? Nous n'avons pas vingt-cinq départements qui jouissent d'institutions techniques ouvertes aux travailleurs. Encore ces établissements ne sont-ils à la portée que d'une partie très-minime de la population. Soyons, si l'on veut, plus accommodants, et contentons-nous d'une instruction qui, sans être tout à fait pratique, présente du moins une tendance professionnelle ; nous la rencontrerons encore à peine dans la moitié de nos divisions départementales. Si nous disions, en dernière analyse, que l'éducation industrielle, telle que nous l'avons définie, est à la portée d'un ouvrier sur cinquante, nous croirions embellir le tableau. Appliquée seulement aux 2 millions de travailleurs qui peuplent les manufactures et les usines, une telle évaluation serait surtout en dehors de la vérité. Dans les localités où quelques ébauches d'enseignement professionnel existent sur des bases vraiment libérales, les ouvriers se montrent presque toujours avides d'en profiter; ils sont frappés de l'utilité pratique de cette instruction spéciale. »

Devant ces paroles, les hommes d'intelligence et de bonne volonté n'ont pas besoin qu'on leur dise où est leur devoir ; leurs efforts doivent seulement être dirigés : M. Audigane développe des idées qui méritent, de leur part, de sérieuses méditations ; il se plaint, avec raison, de l'uniformité de l'enseignement professionnel tel qu'il se donne en général à présent parmi nous ; il pense que pour être efficace, il doit varier dans les différents districts comme les industries qu'on y cultive, et être approprié au travail local, tout en conservant un fond commun et inévitable. Son plan, qui laisse subsister les établissements supérieurs, porte l'action principale en bas, et se résume dans cette phrase : « De petites écoles industrielles communales, dirigées par des hommes pratiques, où les enfants seraient admis avant, pendant ou après l'apprentissage, et où ils recevraient une instruction adaptée aux exigences des industries locales, sont les seuls moyens d'arriver au but. » On y ajouterait des cours plus développés, destinés surtout aux adultes, mais toujours avec un caractère élémentaire, pratique, et varié selon la nature des industries locales. A cet ensemble, on ajouterait des écoles commerciales dans les principales places de commerce, où cet enseignement est presque complétement négligé. Un tel plan appelle le concours des citoyens et des municipalités. En insistant sur ce qui a été fait, j'ai voulu montrer ce qui est à faire, et indiquer la voie où les besoins de notre époque exigent que l'on engage activement l'instruction des travailleurs, enfants ou adultes : c'est une question non-seulement de prospérité publique, mais de sécurité sociale ; cela vaut qu'on y pense et qu'on agisse.

L'amélioration intellectuelle et morale ne s'arrête pas au seuil des écoles, et pourtant on ne porte guère la lumière au delà. Par une étrange contradiction, les écoles primaires se sont étendues successivement sur tout le territoire, on s'efforce d'apprendre à lire à tout le monde ; puis, quand on a préparé l'instrument, on le laisse sans emploi ; on a provoqué le goût de la lecture, et on ne lui donne pas d'aliments ; on a fait des lecteurs et on n'a pas préparé de livres pour eux ! S'ensuit-il que le peuple désapprenne à lire? Nullement; il en résulte que l'habitude de lire s'égare sur des publications insignifiantes, trompeuses ou dangereuses; que l'esprit, mal défendu contre le sophisme et les passions, se laisse entraîner par des journaux qui excitent sans instruire, par des ouvrages qui obscurcissent l'intelligence ou pervertissent les mœurs. A qui la faute? A l'école, qui a fait passer le premier rayon de lumière? Non, mais à l'imprévoyance, à l'apathie des hommes instruits qui ne font rien pour le diriger. Vous n'avez pas le droit de vous écrier qu'il y a une torche pour incendier là où vous pouvez placer un flambeau pour éclairer. On se rend coupable d'un blasphème odieux et ridiculement impuissant, quand on prône l'ignorance : on manque à ses devoirs quand on ne travaille pas à rendre la science innocente et profitable pour tous.

Vous apprenez à lire au peuple; vous faites bien. Quand il sera sorti de vos écoles, il lira, tenez cela pour certain. Que lui donnerez-vous à lire? Il ne manque pas en France de bons livres; mais leur nombre est limité, mais il y en a peu qui aient été composés pour le peuple, avec une vue nette et un sentiment juste de ses véritables instincts et de ses besoins réels. Une des plus urgentes nécessités de notre temps, c'est la propagation des bons ouvrages, la formation d'une littérature et d'une presse populaires. Quelques efforts ont été tentés; mais combien ils sont insuffisants! Des fabricants, notamment ceux du Haut-Rhin, ont, dans leurs établissements, des bibliothèques à l'usage de leurs ouvriers; des corporations religieuses, des paroisses répandent des livres pieux et moraux. Des conférences de saint Vincent-de-Paul ont pensé à cette œuvre; celle de Metz, par exemple, met à la disposition de ses membres une bibliothèque de 4,000 volumes. Il existe aussi de pareilles collections réunies par les soins des municipalités ou des sociétés qui ont fondé quelques-uns des cours professionnels dont j'ai parlé. Il serait facile aux personnes riches, ou jouissant seulement de quelque aisance, d'augmenter ces bibliothèques, de répandre autour d'elles de bons livres.

4

Quant à la composition d'ouvrages nouveaux, destinés à l'instruction populaire, la *Société pour l'instruction élémentaire*, qui, depuis 1815, a rendu de si éminents services à la cause de l'enseignement primaire, y provoque par des rapports, par des récompenses distribuées avec solennité. Une société s'est formée, sous le titre d'*Association pour l'éducation populaire*, dans le but d'activer la rédaction et la diffusion de petits livres pour l'instruction et la moralisation des masses. Fondée sous les auspices d'hommes éminents, tels que MM. de Luynes, Dufaure, Vivien, de Tocqueville, Baroche, Paulin Gillon, etc., elle a déjà publié un assez grand nombre de petits volumes au prix le plus modique (1). Malgré son haut patronage, malgré l'utilité de ses publications, elle se développe avec peine, entravée qu'elle est par les préoccupations politiques, par l'indifférence ou la mollesse des uns, par l'aveuglement ou la mauvaise volonté des autres. Et ces tristes défaillances se manifestent au moment où les plus mauvais écrits circulent de toutes parts, où la spéculation répand, à bas prix, les livres, anciens ou nouveaux, qui enflamment les passions par des peintures lascives, excitent les cupidités par le sensualisme le plus effréné, et démoralisent par le matérialisme le plus cynique!

M. de la Farelle (*Du progrès social*, p. 160) a compris l'absolue nécessité, et indiqué les éléments de la presse et de la littérature populaires : «Trois sortes de lectures, dit-il, et par conséquent d'ouvrages, me paraissent convenir plus spécialement aux classes laborieuses, savoir : 1° Les ouvrages tendant à moraliser l'homme, à réformer ses vices, à corriger ses mauvaises habitudes, à lui inspirer le sentiment et l'amour de ses devoirs en tous genres. Dans cette classe se rangent en première ligne les livres de piété ou de morale, et puis encore tous les traités d'économie politique mis à la portée populaire, tous les livres,

(1) Au moyen d'une souscription de 2 fr. par mois, on reçoit vingt livraisons des ouvrages approuvés par la société, au fur et à mesure de leur publication. On souscrit chez M. Curmer, rue Richelieu, n° 47.

en un mot, propres à lui suggérer le goût et l'habitude
de l'ordre, de l'économie, de la prévoyance, ou à lui faire
respecter et chérir son pays et l'ordre social lui-même.
Une seconde classe de la littérature populaire embrasse-
rait de plein droit tous les traités ou manuels élémentaires des différentes professions que les hommes des rangs
inférieurs sont appelés à exercer : tels seraient les traités
ou manuels des diverses branches de l'agriculture, de l'é-
lève des bestiaux, de l'art du vétérinaire, de l'éducation
des vers à soie, etc., et puis encore de tous les arts mé-
caniques ou autres qui composent le vaste domaine de
l'œuvre manuelle. 3° Enfin il serait aussi très-heureux et
très-essentiel que le peuple pût se procurer sans peine
des livres de pur agrément, propres à le délasser et à le
récréer sans porter atteinte à ses sentiments religieux et
moraux. Les voyages de tout genre, l'histoire des peu-
ples anciens et modernes, écrite à son intention, quelques romans empreints d'une réserve et d'une prudence
toutes particulières, composeraient cette troisième classe.
En trois mots, moraliser, éclairer et délasser le peuple,
voilà le triple objet que devrait se proposer une littérature
vraiment digne d'être appelée populaire. » L'auteur voudrait que ces livres ne fussent pas donnés gratuitement,
et que, pour en répandre la lecture jusque dans les villages, il s'en formât des bibliothèques ou cabinets de lecture annexés à l'école primaire. Il demande aussi la création d'un journal hebdomadaire, non politique, composé
d'articles répondant aux trois divisions indiquées par lui
pour les livres, et rédigé, publié, propagé, non comme
spéculation, mais comme œuvre sociale, avec le concours
d'hommes de talent et de dévouement, des administrations
et du Gouvernement.

Ce plan me paraît excellent. Pourquoi ne s'en réalise-
t-il parmi nous que quelques parties, et encore de la manière la plus incomplète? J'abandonne cette question
à la conscience, un jour, peut-être, je dirai aux remords,
de ceux qui peuvent agir et qui n'agissent pas. Avant de
quitter ce grave sujet, je citerai l'exemple du gouvernement belge, qui a ouvert des concours pour la composi-

tion de livres populaires sur l'histoire nationale, et pour la publication d'images populaires sur toutes sortes de sujets. Je citerai surtout l'Angleterre, où la littérature populaire qui nous manque existe dans tout son développement ; des journaux agricoles, industriels, religieux, parviennent, à très peu de frais, jusque dans les hameaux ; des livres à bon marché, destinés à mettre toutes les connaissances à la portée de tout le monde et à propager particulièrement les notions pratiques utiles à la vie sociale et professionnelle, sont répandus et achetés par centaines de mille ; telles sont les publications de MM. Chambers, le *Pinnock's Catechisms*, etc. Il faut surtout proposer à l'imitation la société pour la propagation des sciences utiles, qui a eu pour fondateur, pour président et pour actif coopérateur lord Brougham, et qui a publié, par la plume d'hommes éminents, le *Penny Cyclopædia*, des livres, des journaux, des traités remarquables et généralement répandus. Ces intelligents efforts d'initiation et de propagation ont créé dans les populations de précieuses habitudes de lecture ; il n'est pas rare de voir des ouvriers anglais lire ou se faire lire des ouvrages intéressants pendant les heures de la suspension de leur travail. Quel succès n'obtiendraient pas, à leur tour, nos grands écrivains, quels services ne rendraient-ils pas à la civilisation, si, s'adressant à l'intelligence, à l'imagination, au cœur de nos ouvriers et de nos paysans, ils consacraient leur savoir et leur génie à la création glorieuse et au rayonnement fécond d'une vaste littérature populaire ! Mais, hélas ! j'exprime un vœu bien plus qu'une espérance.

*Soins hygiéniques, salubrité des habitations, bains et lavoirs publics, secours médicaux.*

6° Les classes laborieuses méconnaissent souvent les règles d'une bonne hygiène, abandonnent à la malpropreté leur personne et leurs habitations, et tombent dans un état de dégradation physique où elles perdent à la fois leur santé et leur dignité. — Ce blâme n'est pas sans fondement ; mais il ne faudrait pas l'exagérer, ni méconnaître l'heureuse influence qu'a exercée le bon marché des objets de vêtement, qui a permis à un nombre immense d'individus d'être mieux garantis, plus propres et plus convenables. Malgré ce progrès, combien il reste à faire, soit dans les villes, soit dans les campagnes ! Dans beaucoup de localités, les habitations rurales manquent de jour et d'air ; les paysans sacrifient la salubrité à la sûreté, croyant leurs maisons mieux défendues parce qu'il s'y trouve moins d'entrées, et à l'intérêt pécuniaire, afin d'échapper à l'impôt des portes et fenêtres (1). Des raisons analogues, et plus encore des habitudes invétérées s'opposent à l'assainissement de l'intérieur des maisons, à celui des écuries, à celui des abords, infectés par des eaux croupissantes, par des dépôts d'ordures et de fumiers, placés à proximité des habitants. C'est surtout à la campagne que règne la routine ; or, la routine n'est pas seulement aveugle, elle est obstinément tenace : il ne suffit pas de l'éclairer, il faut la contraindre ; ainsi ont fait les lois relatives aux écoles primaires et aux chemins vicinaux ; il a fallu obliger certaines communes à ouvrir des écoles et des chemins ; quand le bien a été produit, elles s'en sont applaudies. Qu'il en soit de même pour les mesures de salubrité. Des municipalités éclairées peuvent beaucoup au moyen des règlements de police. La loi du 13 avril 1850, sur les habitations insalubres, a été utile, et c'est un devoir pour les citoyens de concourir à sa plus large application. On peut souhaiter que le législateur, après avoir fait un premier pas, marche plus loin dans la voie qu'il a ouverte. On a pu reconnaître l'insuffisance des prescriptions actuelles, neutralisées, dans bien des circonstances, par l'opposition ou les réticences des intérêts privés.

Le bien pourra être hâté par la formation d'associations, comme il en existe beaucoup en Angleterre, qui se proposeraient pour but l'assainissement des habitations existantes ou la construction de maisons à l'usage des classes laborieuses. On y pourra trouver l'occasion d'une bonne action et peut-être la source d'une spéculation

_____

(1) Voyez ma brochure intitulée : *État de la question des habitations et logements insalubres.*

fructueuse. Une mesure pratiquée avec succès pour aider à l'amélioration des habitations consiste dans des primes décernées par la municipalité, par le bureau de bienfaisance, par une association, par des particuliers, à des citoyens ou à des ménages qui se seraient distingués par la propreté, par la bonne tenue, par les soins d'assainissement de leur logement.

Pour favoriser les progrès de l'hygiène, il faut en enseigner les éléments dans les écoles. Il faut aussi que les chefs d'établissements industriels prennent des règlements qui assurent la salubrité de leurs ateliers. L'enseignement et la pratique de la gymnastique sont des plus favorables à la santé, surtout pour les ouvriers sédentaires, longtemps enfermés dans les ateliers, ou occupés à des travaux débilitants. Plusieurs fabricants du Haut-Rhin ont établi des exercices gymnastiques. Cet exemple pourrait être suivi dans les écoles primaires; il n'en résulterait pas de dépenses considérables et les effets en seraient évidemment avantageux.

L'usage des bains est essentiellement utile à la santé; aider à la propreté de la personne et du linge, c'est rendre un grand service aux classes laborieuses. Les bains et lavoirs publics prennent en Angleterre un grand développement, grâce à l'intervention des associations bienfaisantes qui se forment dans ce but. En France, les premiers exemples ont été donnés, je crois, à Rouen, où des manufacturiers ont utilisé les eaux chaudes sortant de leurs usines. Une loi spéciale vient d'allouer des fonds destinés à des subventions pour les communes qui établiraient des bains et lavoirs publics. Je dois mentionner ici des faits honorables pour plusieurs de nos industriels : je ne doute pas qu'il n'y en ait un grand nombre d'autres qui, jusqu'à présent, ont échappé à la publicité parisienne. MM. Nicolas Kœchlin ont établi des bains dans leur fabrique de Massevaux : les ouvriers s'y baignent sans rétribution ; les habitants de la ville payent le bain 40 centimes, et le produit des bains est versé dans la caisse fondée pour les ouvriers malades. La maison Hausmann, du Logelbach, vient également de créer des bains pour ses ouvriers et ses employés. MM. Scrive, à Marquette, ont mis des salles de bains à la disposition de leurs ouvriers, qui peuvent se baigner gratuitement chaque fois qu'ils le désirent.

Si on doit s'occuper de l'hygiène de l'ouvrier des villes et des campagnes, à plus forte raison doit-on s'occuper de lui quand il tombe dans l'état de maladie. La plupart des grands établissements industriels prennent à leur compte les frais de médecin, et souvent aussi de médicaments, nécessités par les maladies de leurs ouvriers ; dans les villes, les malades ont les secours des hôpitaux et des bureaux de bienfaisance, et une assistance qui les préserve presque toujours d'un douloureux abandon. Le sort des malades de la campagne est bien plus triste (1) ; la plupart sont éloignés des lieux où il existe des hôpitaux : beaucoup de villages manquent de médecins, et plus encore de ressources pharmaceutiques ; ajoutez que, presque toujours, ou les paysans ne savent pas se soigner, ou ne le veulent pas. La nécessité d'étendre les secours médicaux à la partie la plus nombreuse de la population, celle qui nourrit les autres et qui supporte le plus de fatigues, est, depuis longtemps, bien sentie ; de là les différents projets d'organisation médicale que les pouvoirs publics ont, à plusieurs reprises, discutés ou préparés. En attendant cette solution, qui, moins que toute autre, peut attendre sans d'énormes préjudices, je n'hésite pas à dire qu'à mes yeux, la commune sera incomplétement constituée tant qu'elle n'aura pas invariablement, pour satisfaire aux besoins moraux, intellectuels et physiques, son curé, son instituteur et son médecin ; la nécessité des deux premiers est reconnue et consacrée ; pourquoi n'en serait-il pas de même pour le troisième ? Jusqu'à ce que l'on

---

(1) C'est ce qu'a démontré, avec toute la puissance de son talent, mon savant collaborateur et ami le docteur Réveillé Parise, dans les articles qu'il a publiés au *Moniteur* (21 décembre 1849, 6, 16 janvier et 3 février 1850) sous le titre : *De l'assistance publique et médicale dans les campagnes*. Voyez aussi le discours sur les *progrès de la législation en matière de bienfaisance*, prononcé, le 4 novembre 1851, par M. Dubodan, procureur général près la cour d'appel de Rennes.

puisse atteindre ce but, les personnes riches ou aisées qui habitent la campagne peuvent soulager bien des souffrances, en éclairant les paysans sur des maux qu'ils négligent, en visitant les malades pour s'informer de ce qui leur manque, en leur facilitant les moyens de consulter un médecin, en leur fournissant les médicaments, en leur donnant, dans les circonstances ordinaires, les remèdes simples et peu coûteux dont les personnes prudentes se munissent toujours. Le dévouement de la charité va plus loin ; mais la charité n'a pas besoin d'exhortation ni d'aiguillon. Tandis que l'on médite la solution générale de la question médicale, il est bon aussi d'étudier les indications individuelles qui peuvent y préparer. Je signalerai, sous ce rapport, un projet présenté au conseil général du département du Nord par M. le docteur Charpentier, de Valenciennes, adressé par ce conseil au ministre de l'agriculture et du commerce, qui l'a soumis au conseil supérieur d'hygiène et de salubrité. La base de ce projet consisterait dans une cotisation annuelle payée par chacun des contribuables de la commune, pour constituer un traitement fixe à un docteur médecin d'une des villes voisines, qui serait tenu de visiter, chaque fois qu'il serait averti, les malades de la commune.

### Emploi des loisirs, divertissements, théâtres, fêtes publiques.

7° Enfin, l'on s'est plaint souvent du mauvais usage que les ouvriers font de leurs loisirs. On devrait se plaindre aussi du peu de souci apporté généralement à la moralisation des loisirs populaires. Le peuple n'a guère le choix de ses plaisirs : s'il les prend grossiers, la faute n'en est pas tout entière à de mauvais instincts ; une part en revient à l'oubli où on laisse cette partie de l'éducation des masses.

Il faut aux travailleurs du repos et des jouissances ; l'humanité exige des temps d'arrêt pour réparer les forces ; l'équité veut que ceux qui contribuent de tant de façons diverses au bien-être des classes riches, trouvent des moyens d'adoucir leurs maux par des plaisirs appropriés à leur situation. Plus que d'autres ils en ont besoin, on ne devrait jamais l'oublier. Je regarde comme un devoir pour la société de faciliter aux classes laborieuses les distractions honnêtes. A plus forte raison est-ce pour elle et pour les pouvoirs qu'elle a constitués une obligation de ne jamais offrir au peuple des jouissances immorales. Quel homme sensé ne gémissait pas du spectacle qu'offraient, il y a moins de trente ans, les distributions gratuites dans les fêtes publiques de Paris, ces hideux combats livrés pour saisir des lambeaux de comestibles, cette ignoble ivresse de familles entières abruties par le vin qu'elles avaient disputé avec violence? Ces honteuses saturnales ont été remplacées heureusement par des distributions faites, à domicile, aux familles pauvres.

Le bon emploi des loisirs de l'ouvrier appartient, avant tout, à sa libre volonté; les patrons peuvent y contribuer d'une manière plus ou moins directe; ils doivent respecter les convictions religieuses, et ne rien faire qui empêche la célébration des dimanches et fêtes fériées; ils doivent combattre, autant qu'il est en eux, le chômage abusif du lundi : dans certaines parties de la France industrielle, on a déraciné cette funeste habitude en payant plus cher le travail du lundi, dans d'autres en imposant des amendes, ou même en prononçant l'exclusion contre les ouvriers qui manquent à l'atelier ce jour-là. Une précaution qu'on a recommandée et qui peut être efficace, c'est de ne pas payer les ouvriers, comme on le fait le plus souvent, la veille d'un jour de fête; il ne faut pas les exposer à des tentations de dépense, ni empêcher peut-être la partie du salaire réclamée par les nécessités de la famille d'arriver tout entière à sa destination.

Le grand écueil, l'abîme où va se perdre le salaire, où se contracte l'oubli des devoirs et des plaisirs de la famille, c'est le cabaret. Ce fléau s'étend dans les campagnes comme dans les villes. Il est bien entendu que ce qu'il faut attaquer, ce n'est pas le lieu où l'on vient traiter des affaires, conclure des marchés, où le voyageur se repose et se réconforte, où des travailleurs et leurs familles se réunissent pour des causeries amicales : c'est le

3.

lieu où l'ouvrier passe des journées loin des siens, où il prend le goût de l'ivrognerie et de la fainéantise, où il déserte le travail qui fait vivre sa famille, où il altère sa santé, et perd son argent et sa moralité. Cherchez donc avec sollicitude, avec ardeur, avec persévérance, les moyens de l'arracher à ces fatales séductions (1).

Il y a une grande différence à faire entre les villes, surtout les grandes villes, et les campagnes. A l'époque des travaux champêtres, les ouvriers agricoles sont trop fatigués pour ne pas consacrer tout leur loisir au repos ; les temps de suspension des travaux, les jours de fêtes leur laissent des heures et des journées disponibles : dans certaines localités ils s'adonnent, surtout pendant l'hiver, à des occupations manuelles dont ils tirent du profit pécuniaire. La lecture remplit utilement les journées sans travail et les longues veillées. Les jeux d'adresse, les courses, les luttes, les exercices gymnastiques, toutes choses qui peuvent s'établir sans beaucoup de frais, offrent des récréations intéressantes qui, d'ailleurs, entretiennent la santé et développent les forces physiques. Des prix décernés, soit par les municipalités, soit par des particuliers, donnent le ressort de l'émulation à ces sortes de plaisirs, que soutiennent et que grandissent quelquefois des associations, comme les sociétés d'arbalétriers et de tireurs à l'arc, qui existent en grand nombre dans le nord de la France et en Belgique.

Les chefs d'établissements industriels situés dans les campagnes peuvent contribuer à détourner les ouvriers des désordres du cabaret, en leur offrant des occasions de réunion et de plaisirs. Plusieurs ont agi en ce sens. MM. Scrive, à Marquette, ont affecté un local aux récréations de leurs ouvriers ; des jeux sont organisés dans le jardin ; un billard se trouve dans l'intérieur du local, ouvert les jours fériés, et tous les soirs après les heures de travail ; la maison fait les frais du chauffage et de l'éclairage.

_____

(1) Il s'est formé des sociétés, par exemple celle dite *des jeunes gens*, à Lorient, qui ont pour but d'enlever les jeunes ouvriers à la fréquentation des cabarets ; cette *Société des jeunes gens* a une bibliothèque et des cours.

Dans les villes, la question offre encore plus d'importance, mais, en même temps, plus de difficulté ; il y est plus urgent de préserver les travailleurs, parce qu'ils rencontrent de plus fréquentes occasions de céder aux entraînements de la dissipation et aux séductions du vice : d'un autre côté, comme il est aisé de rencontrer des distractions, le goût se blase promptement, et, enfin, les grandes villes renferment des ouvriers dont l'intelligence, très-développée, montre des exigences pour le choix et la variété de ses plaisirs. Toutes ces circonstances demandent à être prises en considération.

Les journées de l'ouvrier occupé lui laissent peu de loisirs ; quand il a terminé les heures d'un travail souvent très-pénible, il est peu disposé à chercher des distractions fatigantes, et le sommeil lui devient, de bonne heure, nécessaire pour réparer ses forces et se préparer au lendemain. Mais il y a des professions où l'on dépense peu de vigueur physique, et où le repos immédiat est moins nécessaire ; pour celles-là il y a plus de moments disponibles. L'emploi des loisirs quotidiens, qu'ils soient courts ou prolongés, diffère selon les mœurs, les habitudes, les climats ; la vie est plus extérieure au midi qu'au nord, l'imagination plus vive, la tempérance plus grande, le besoin du mouvement plus prononcé : les amusements ne sauraient être les mêmes. Partout il est bon que l'ouvrier aime avant tout son intérieur et sa famille ; en ce sens, un logement salubre et propre, un mobilier bien tenu, quelque modeste qu'il soit, peuvent exercer de l'influence sur le contentement et la moralité. Si l'ouvrier se plaît chez lui, il y restera ; il y trouvera encore plus de satisfaction s'il est retenu par le goût de la lecture : la question de l'instruction tient de près à celle du bonheur. Les classes d'adultes appellent ceux des travailleurs qui éprouvent plus fortement le désir d'éclairer leur intelligence. C'est à la fois comme moyen d'instruction et comme excitation à un bon emploi du loisir que, depuis 1848, on a établi à Paris (je ne sais si l'exemple a été suivi ailleurs) des lectures du soir ; l'essai n'a pas été abandonné, car il a encore motivé des allocations de fonds dans le budget de

**1852.** L'intention est bonne : le résultat a-t-il répondu aux espérances que l'on avait conçues ? Certes, c'est une heureuse pensée que de vouloir réunir souvent, dans la soirée, des ouvriers autour d'un lecteur intelligent qui leur fait connaître des morceaux de nos grands écrivains, ou des fragments d'ouvrages intéressants, qui choisit les auteurs et les passages les plus propres à leur inspirer des sentiments honnêtes, religieux, patriotiques. La difficulté est de faire un bon choix de lectures, de soutenir l'intérêt, de rencontrer toujours les sympathies de l'auditoire. Les rapports de quelques-uns des lecteurs portaient à penser que l'expérience réussirait complétement ; on se flattait. Des renseignements recueillis avec soin dans tous les arrondissements de Paris m'ont été communiqués par mon ami M. Nabon de Vaux, qui a laissé dans l'administration et au conseil d'Etat les souvenirs et les regrets les plus honorables ; voici, en peu de mots, ce qui m'a paru résulter de l'enquête à laquelle il s'est livré : Dans les premiers temps, les ouvriers se sont portés avec empressement aux lectures du soir ; peu à peu, le zèle s'est ralenti ; les plus studieux ont préféré les cours d'adultes, surtout ceux des frères de la doctrine chrétienne ; dans un petit nombre de quartiers, les lectures ont gardé la faveur populaire ; dans les quartiers du centre, où il y a plus de commerçants que d'ouvriers, les lectures sont suivies, mais presque exclusivement par des auditeurs étrangers aux classes ouvrières. Il semble donc qu'on serait autorisé à conclure que les lectures pourraient être combinées de façon à devenir un accessoire ou un complément agréable des cours ou classes du soir pour les ouvriers, et qu'elles présentent des avantages pour les petits rentiers, les petits marchands, les commis, et pour la foule des désœuvrés sans fortune, si nombreux à Paris ; toutes ces personnes y trouvent un passe-temps honnête qui les empêche de perdre leur argent, leur santé et leurs mœurs dans la débauche et dans toutes les corruptions qu'une capitale offre sans cesse à l'oisiveté.

Soit pour leurs loisirs de chaque jour, soit pour leurs plaisirs des jours fériés, il est à désirer que les ouvriers

contractent l'esprit d'association comme ils se montrent
disposés à l'appliquer au travail et aux ressources de la
vie à bon marché. Les départements du nord comptent
de nombreuses associations populaires qui ont pour but
de former des lieux de réunion où l'on cause et où l'on
chante ; à toutes les sociétés chantantes se mêlent bien
un peu des habitudes de cabaret, mais le plaisir seul
d'être ensemble y domine tellement, que des ouvriers se
cotisent pour avoir le droit de venir tous les jours dans
leurs cercles sans rien consommer. Dans la même région,
les sociétés musicales sont répandues si généralement
qu'on en trouve jusque dans les villages ; elles propagent
le goût de la musique et ne sont pas sans influence sur
l'esprit et les mœurs des populations. Les progrès sont
stimulés par l'émulation ; en Flandre et dans la Belgique,
des concours de musique attirent souvent des exécutants
venus de distances considérables : les localités attachent
une grande importance aux succès de leurs musiciens.
Favoriser la création de semblables associations parmi
les ouvriers, les doter de prix, les exciter par des concours, ce serait, sans contredit, faire quelque chose
d'utile. Je croirais pouvoir conseiller aussi pour les villes
ce que j'ai signalé pour les campagnes : des associations
ayant pour objet des jeux d'adresse, des tirs de toute espèce, des exercices gymnastiques.

On a proposé aux ouvriers français de s'associer,
comme les ouvriers anglais ou américains, pour fonder
des établissements à l'instar des *mechanic's institutions*,
consacrés à la fois au plaisir et à l'instruction ; ce sont
des lieux de réunion où l'on entend des cours, où on lit
des livres et des journaux. L'intention des fondateurs
était que ces institutions fussent créées et administrées
pour et par des ouvriers. De larges souscriptions, rem-
plies dans tous les rangs de la société, multiplièrent ces
établissements ; mais, depuis quelques années, leur succès diminue ; les cours y ont été souvent plus littéraires
et théoriques qu'industriels et pratiques : un luxe coûteux
s'y est introduit ; l'ardeur des souscripteurs s'est refroi-
die, surtout parmi les ouvriers, qui ont presque partout

refusé les charges de l'administration : ils sont devenus beaucoup moins nombreux que les personnes étrangères aux classes ouvrières; enfin les chances d'avenir n'ont pas paru entièrement rassurantes pour les *mechanic's institutions*, qu'on cherche maintenant à rattacher aux écoles populaires. Il ne faut donc pas trop recommander à nos ouvriers et aux personnes qui s'intéressent à eux l'imitation d'une expérience dont les résultats n'ont pas répondu à toutes les espérances qu'elle avait fait naître.

L'administration publique peut agir sur la moralité populaire par son intervention dans les divertissements. C'est un devoir pour la police d'empêcher, dans les lieux publics, l'exhibition d'objets indécents, le chant de poésies immorales; elle rencontrerait même de nombreuses approbations si elle mettait obstacle à des démonstrations qui, pour satisfaire la curiosité et exciter des émotions, exposent, sans profit pour la science, sans aucun bon effet sur les intelligences, des hommes ou des animaux à des dangers imminents, comme on l'a vu dans certaines ascensions aérostatiques et dans certains exercices où la vie humaine peut être à chaque instant mise en péril. Elle doit proscrire aussi les combats sanglants entre animaux : la tolérance de cette espèce de spectacle est une étrange contradiction dans les pays dont la législation punit les mauvais traitements exercés sur les bêtes.

Des résultats heureux, bien que très-incomplets encore, ont été obtenus par l'enseignement de la musique ; on doit désirer qu'il pénètre de plus en plus dans l'éducation populaire. L'administration pourrait mettre à profit le goût du peuple pour la musique. Ce goût existe : on peut le constater par l'empressement des ouvriers à se rendre dans les lieux de promenade où, durant l'été, se font entendre habituellement les musiques militaires; on en peut juger aussi par la foule qui s'assemble et se maintient autour des orchestres publics et des musiciens ambulants. Pourquoi ne pas favoriser ce penchant et ne pas retenir le peuple loin des endroits dangereux, en organisant, dans les mairies ou dans d'autres édifices publics, des réunions où figureraient les ouvriers avancés dans l'art musical, des concerts d'instruments ou de voix, des orchestres répandus sur les places publiques? Ce seraient d'heureuses diversions à des plaisirs moins innocents. Certains industriels ont compris l'utilité morale de la musique; M. Bourcart, à Guebwiller, y a donné des soins tout particuliers; il a créé une école de musique et de chant : les ouvriers y reçoivent l'enseignement, et il s'y forme des sujets assez distingués pour qu'ils donnent des concerts, soit dans la ville, soit au dehors.

Le théâtre, dans les grandes villes, à Paris surtout, est un des divertissements les plus recherchés : c'est celui qui peut avoir l'influence la plus décisive sur les esprits et sur les cœurs. La production des œuvres dramatiques est devenue si exorbitante depuis près de vingt ans, que la curiosité du public s'est émoussée : pour la raviver, il faut des bizarreries, des combinaisons extraordinaires; à ce besoin de ranimer des spectateurs blasés, on sacrifie la pureté du goût, les délicatesses du sens moral, et l'on est loin de respecter toujours les grandes vérités sociales; le scandale est devenu l'une des voies les plus sûres du succès. Aussi quelles tristes perturbations sont descendues de la scène dans les masses populaires! La censure ne peut arrêter et n'arrête qu'une partie du mal. C'est à la conscience, à l'intérêt bien entendu des auteurs qu'il faut s'adresser.

Il y a dans le peuple un instinct moral si ouvert, un si vif sentiment du bon et du beau, qu'on réussit certainement auprès de lui par des drames simples, honnêtes, bien pensés et bien écrits. Qu'on se rappelle le succès constant, inépuisé, de *François le Champy*, et qu'on dise si la littérature dramatique, en suivant cette voie, n'exercerait pas une puissante et bienfaisante action sur les mœurs populaires. Un acte récent du pouvoir a fait un appel en ce sens aux auteurs. Un arrêté du ministre de l'intérieur, M. Léon Faucher, en date du 12 octobre 1851, porte que, chaque année, une prime de 5,000 fr. et une de 3,000 fr. pourront être accordées à l'auteur d'un ouvrage en cinq ou quatre actes et à celui d'un ouvrage de moins de quatre actes, « qui serait de nature à servir à l'enseignement des classes laborieuses par la propagation d'idées saines et le spectacle de bons exemples. » On peut différer d'opinion sur l'efficacité du moyen proposé; mais on ne saurait qu'honorer la pensée qui a indiqué aux auteurs une direction aussi sage. Le rapport présenté en 1850, au nom du conseil d'Etat, sur un projet de législation théâtrale, par mon honorable et excellent ami M. Charton, conseiller d'Etat, renferme des idées dignes de méditation sur les besoins du théâtre, considéré comme école de goût et de morale pour le peuple; c'est un des documents les plus remarquables que l'on consultera quand on s'occupera de régler les choses dramatiques par une loi générale et définitive.

Les grandes fêtes publiques peuvent devenir un moyen de moralisation. C'est un point de vue trop négligé; qu'il me soit permis d'en dire quelques mots.

Il est bon, d'abord, d'associer la religion aux solennités nationales; que les autorités, les pouvoirs publics prennent part publiquement aux cérémonies qui élèvent la pensée de tous vers le ciel; c'est ce qu'a fait, en 1848, l'assemblée constituante, qui a placé les deuils de la patrie et les grands actes du Gouvernement sous l'invocation de Dieu.

Les fêtes publiques peuvent donner d'utiles leçons de goût, de patriotisme, de morale. Pour cela, il ne faut pas qu'elles consistent simplement dans des exhibitions mercantiles, de futiles curiosités, des jeux sans aucune signification et pas toujours sans inconvénient pour les mœurs, des illuminations et un feu d'artifice. Les divertissements préférables sont ceux qui exigent de l'adresse ou qui exercent les forces physiques, comme les tirs, les courses, les carrousels. Les décorations des édifices, des places, des rues, ne sont pas insignifiantes, car elles peuvent contribuer à ouvrir des idées d'art, à purifier, à perfectionner le sentiment du beau. Les ornements matériels d'une fête publique devraient toujours avoir un sens patriotique ou moral. Lors du retour des cendres de l'empereur Napoléon à Paris, et dans plusieurs fêtes qui ont eu lieu depuis 1848, on a justement applaudi l'élévation de statues, trophées, médaillons, qui rappelaient des gloires nationales. On regrettait seulement que ces monuments fussent de plâtre, de toile ou de carton; qui empêcherait de concentrer sur un petit nombre d'œuvres définitives et permanentes, qu'on inaugurerait avec solennité, la plus grande partie de l'argent qu'on dépense en constructions éphémères? Les villes s'embelliraient, les fêtes prendraient un caractère plus noble; on verrait se renouveler plus souvent ces empressements des populations pour l'inauguration des monuments élevés aux personnages qui ont servi honorablement ou glorieusement illustré la patrie.

Les divertissements devraient toujours s'accompagner d'actes utiles, comme récompenses publiquement décernées à des actions vertueuses, à des dévouements généreux, à des travaux d'agriculture, d'art ou d'intelligence, délivrances de livrets de caisses d'épargne ou de retraites pour des enfants ou des adultes dont la conduite et la situation auraient mérité l'intérêt ou la reconnaissance de leurs concitoyens, expositions d'œuvres d'art, de produits industriels ou agricoles.

Un soin qu'on devrait avoir dans l'organisation des fêtes publiques, c'est d'y intéresser le plus de personnes qu'il est possible; de faire en sorte que le peuple n'y figure pas comme spectateur passif, mais comme acteur. Les grandes masses musicales, par exemple celles de l'Orphéon, engagent déjà, dans le succès d'une solennité, un grand nombre de familles. La coopération de la multitude se trouve dans la forme processionnelle qu'on voit adoptée pour les fêtes de l'Egypte, de la Grèce, des triomphes romains, de l'Eglise chrétienne, des réjouissances du moyen âge. Dans presque toutes nos provinces, certaines fêtes consacrées se célèbrent par des processions, les unes burlesques, les autres sérieuses. Des circonstances particulières ont montré tout le parti que l'intelligence peut tirer de ces traditions locales pour embellir et moraliser des fêtes; je citerai deux villes : Strasbourg et Valenciennes.

Lorsque le roi Louis XV visita l'Alsace, lorsque l'archiduchesse Marie-Louise la traversa pour venir épouser l'empereur Napoléon, enfin lorsque le quatre centième anniversaire de l'invention de l'imprimerie fut célébré par l'inauguration de la statue de Gutenberg, Strasbourg a donné le spectacle de ses vieilles processions, dans lesquelles les représentants de toutes les corporations d'arts et métiers, précédés de leurs bannières, revêtus de leur costume particulier, portaient les insignes ou les produits de leur profession, et se livraient soit à leurs travaux, soit à des exercices caractéristiques. Ceux qui ont assisté à ces cérémonies peuvent dire quelle profonde impression ils en ont rapportée; on peut penser aussi quel sentiment de satisfaction nationale elles ont laissé dans les populations qui y ont pris part.

La marche des Incas, fête instituée à Valenciennes par une société de bienfaisance, a eu lieu, au mois de mai 1851, avec des développements qui rappellent, s'ils ne dépassent, les plus magnifiques descriptions des solennités du moyen âge. Une série de groupes, revêtus de costumes non pas imités, mais reproduits dans toute l'exactitude et dans toute la splendeur historiques, représentaient l'histoire du monde, depuis les Egyptiens jusqu'à nos spahis de l'armée d'Afrique, ou figuraient des scènes allégoriques indiquant la bienfaisance, la paix, l'agriculture, l'industrie. Comme fidélité historique, comme œuvre d'art, comme aspect d'ensemble, comme harmonie d'exécution, ce cortége, mélangé d'immenses et superbes chars, de chevaux, d'armes, de musique, a excité un enthousiasme universel. Les étrangers admiraient avec bonheur, les populations locales jouissaient avec orgueil. L'esprit national avait été éveillé; on s'était préparé pendant plus d'une année, avec un rare dévouement et au prix de pénibles sacrifices, à la fête qui devait honorer la ville. Durant cette année, toutes les causes de division entre citoyens avaient cessé; ouvriers, commerçants, propriétaires, etc., confondaient leurs efforts, et vivaient dans un parfait accord qui les a conduits à un merveilleux succès. Cette association de toute une ville, dans un but de bienfaisance, de patriotisme et de noble divertissement, n'est-elle pas un fait éminemment remarquable, digne d'être offert à la méditation et à l'imitation?

Je m'arrête. Un mot seulement encore pour répondre à une objection prévue. Que de choses, me dira-t-on, vous proposez ou vous demandez pour l'amélioration morale des classes laborieuses! C'est à décourager la plus intrépide bonne volonté!... Est-ce ma faute s'il reste maintenant, s'il restera toujours beaucoup à faire pour le progrès de la partie la plus nombreuse et la moins favorisée de nos concitoyens? Ai-je exposé des faits vrais, indiqué des tentatives utiles? Voilà pour moi la vraie question. Si le fardeau est lourd, qu'importe aux esprits résolus, aux cœurs généreux? Chacun, d'ailleurs, prendra sa part selon ses aptitudes, selon ses préférences, et les besoins ne sont pas partout également urgents; ici c'est le moral du peuple qui est en souffrance, là son instruction, ailleurs les conditions physiques de son existence. Suivant les situations, qu'on aille au plus pressé; mais que partout on agisse sans retard et sans repos : la charité l'ordonne, la justice le veut, la prudence le conseille. Si les citoyens qui possèdent l'aisance et le loisir ne se dévouent pas à la tâche que je leur propose; s'ils ne se dévouent pas de cœur; s'ils ne prennent pas toutes les initiatives; s'ils ne s'unissent pas en associations pour tous les besoins qui se manifesteront; si, en abandonnant l'œuvre sociale, ils s'abandonnent eux-mêmes, c'en est fait, je ne dis pas de la liberté républicaine, mais de toute liberté politique et du repos de la société pour un long avenir.

# TABLE DES MATIÈRES.

Pages.

INTRODUCTION. — Discussion à l'Académie des sciences morales et politiques ; accord de la morale et de l'économie politique ; action de la loi, de la science, des individus, dans l'œuvre de moralisation.................................................... 5

§ 1er. Conditions nécessaires pour agir par la parole ou par des écrits.................................................... 9

§ 2. Influence de l'exemple.................................. 11

§ 3. Différentes espèces d'œuvres consacrées à la moralisation des classes laborieuses ; nécessité du concours de tous ; efficacité de l'amélioration matérielle.............. 18

    Intempérance.......................................... 21

    Imprévoyance, mariages précoces..................... 22

    Turbulence, passions anarchiques.................... 24

    Défaut d'économie, travail, association, vie à bon marché, institutions de prévoyance.............. 25

    Défaut d'instruction et d'éducation, enseignement primaire et professionnel, littérature et presse populaires.................................................... 51

    Soins hygiéniques, salubrité des habitations, bains et lavoirs publics, secours médicaux.............. 76

    Emploi des loisirs, divertissements, théâtres, fêtes publiques.............................................. 80

CONCLUSION.................................................... 91

www.ingramcontent.com/pod-product-compliance
Lightning Source LLC
Chambersburg PA
CBHW070852280326
41934CB00008B/1415